MW01715536

Des mêmes auteurs,
aux éditions Lansman

Gerty Dambury (Guadeloupe)
Lettres indiennes (1993)

Jean-Pierre Dopagne (Belgique)
L'enseigneur (1994)

Michel Ducobu (Belgique)
Vesper, Nox (1989)

Eric Durnez (Belgique)
A plat (1993)

Jean-Rock Gaudreault (Canada/Québec)
Les postes du nord (1992)
Une maison face au nord (1993)

Linda Lewkowicz (Belgique)
Où est passée Julia (Roberts) ? (1993)

Daniel Simon (Belgique)
Les petites manoeuvres (1990)
Ventre de papier (1991)

Jacky Viallon (France)
Des oiseaux dans ma tête (1992)
Le sens de l'ombre (1993)

♦

Tous droits de traduction, reproduction, adaptation et représentation réservés pour tous pays. © Lansman (Editeur).

D/1996/5438/133 ISBN 2-87282-132-5

- Théâtre -

Démocratie mosaïque
1

Gerty Dambury - Jean-Pierre Dopagne
Michel Ducobu - Eric Durnez
Jean-Rock Gaudreault - Roland Hourez
Linda Lewkowicz - Pascale Millant
Daniel Simon - Jacky Viallon
Michel Voiturier

- Editions Lansman -

- Sommaire -

♦

Photo de couverture : *James et la grosse pêche*, d'après Roald Dahl, par le Théâtre du Bélvédère (Châtelineau) - Photo de Jean De Backer.

En 1995, dans le cadre de l'opération d'envergure initiée par le Ministre de l'Education de la Communauté Française de Belgique à l'occasion du cinquantième anniversaire de la libération des camps de sinistre mémoire, le Centre Dramatique Hainuyer, l'Asbl interprovinciale Promotion Théâtre, le Service des Arts de la Scène de la Province de Hainaut et les éditions Lansman ont lancé un concours d'écriture dramatique.

La performance n'était guère aisée : proposer un texte court abordant, directement ou indirectement, en positif ou en négatif, l'un des aspects de la défense des libertés fondamentales et des valeurs démocratiques.

De nombreux auteurs, débutants ou chevronnés, s'y sont risqués avec des bonheurs divers, mais toujours avec un enthousiasme communicatif. Les organisateurs du concours leur en savent gré.

Le jury, volontairement éclectique, a choisi, en toute subjectivité mais sans connaissance ni du nom, ni du profil des auteurs, onze scènes fort diverses par leur forme et leur fond. Une douzième scène a été "commandée" au benjamin des lauréats, en lui demandant de prendre le contrepied de son texte initial.

Premier pas dans la rencontre avec des auteurs contemporains singuliers, le présent ouvrage livre au public intéressé - gens de théâtre, enseignants, étudiants, animateurs socio-culturels... - douze scènes originales et variées, à lire et à jouer.

Notre souhait : voir chacun des textes investi à de nombreuses reprises, dans des cadres et des contextes aussi différents que possibles, avec l'audace, la liberté et l'engagement dramaturgique que ce type de matériau tend à favoriser.

Dr Pierre Dupont
Président des Affaires Culturelles du Hainaut

Survols

Gerty Dambury

"Pour que le désespoir même se vende,
il ne reste plus qu'à en trouver la formule"
Léo Ferré

Un pays lointain. Une rue. Un journaliste déambule, portant sur l'épaule son sac, appareils photographiques et caméras. Au détour d'une rue, il croise une forme. C'est davantage un costume qu'une personne. Le journaliste sort son appareil, tente de photographier, mais la forme l'en empêche.

La forme : Arrêtez !

Le journaliste : Juste une photo. Votre costume est magnifique !

La forme : Non, arrêtez ! S'il vous plaît, arrêtez !

Le journaliste : Vous n'avez rien à craindre, je prends juste une photo.

La forme : Nous ne craignons rien. Nous voulons simplement que vous nous écoutiez ! ... Lorsque vous aurez cette photo, qu'en direz-vous ?

Le journaliste : Comment, ce que j'en dirai ? Que signifie cette question ?

La forme : Que direz-vous de nous, de notre costume, du lieu où vous nous avez rencontrés ? ... Toutes ces choses dont on parle quand on présente une photo ?

Le journaliste : Eh bien... des circonstances dans lesquelles elle a été prise... et de ce que représente le costume peut-être... Enfin, tout dépend...

La forme : Justement. Que savez-vous des circonstances, du costume...

Le journaliste : Du costume, pas grand-chose, je l'avoue. Mais je sais en tout cas que je me trouve à...

La forme : Vous ne savez pas où vous êtes.

Le journaliste : Comment ça ? Que dites-vous là ? ... Certaines choses sont indéniables. J'ai pris un avion, je suis arrivé ici. Après avoir posé mes valises à l'hôtel, je suis allé faire un tour dans la ville et je vous ai rencontrés...

La forme : Vous nous avez connus bien avant ce jour. Nous vous sommes familiers... mais vous avez oublié !

Le journaliste : Pourquoi dites-vous "nous" ?

La forme : Parce que nous sommes plusieurs, mais vous ne le voyez plus. Vous nous connaissez si bien, vous êtes à ce point habitué à nous regarder de manière tellement uniforme, que vous avez oublié que nous pouvions être différents. C'est de votre regard sur nous qu'est né ce costume !

Le journaliste : Je ne comprends rien à tout ce charabia...

La forme : Parce que vous vous sentez loin de tout ce qui, d'habitude, vous occupe. Vous êtes en vacances, n'est-ce pas ?

Le journaliste : En effet.

La forme : Et aujourd'hui, ces photos que vous vous apprêtez à prendre seront des souvenirs... de vacances, n'est-ce pas ?

Le journaliste : Exact.

La forme : Pour nous, il n'y a pas de vacances. Pour nous, l'histoire continue, sans trêve, sans une seule pause dans l'horreur qui nous guette. De partout, nous sommes soumis à mille attaques différentes et semblables à la fois. ... Vous ne reconnaissez pas ce costume ? Alors, écoutez.

> **Une voix** : "L'émotion était forte ce matin à Soweto. Au cours de l'enterrement de Swami Litumbi, un jeune de dix-huit ans assassiné la nuit dernière non loin de Johannesburg, les slogans ont remplacé les larmes, mais la douleur se lisait sur chaque visage. Une douleur qui cependant n'entame pas la détermination des jeunes de Soweto qui continuent à se battre pour..." ... Est-ce que je continue ?

La forme : Non. Je pense qu'il reconnaît. Je me trompe ?

Le journaliste : ... Un de mes articles.

La forme : C'est cela : 1976. Vous étiez "envoyé spécial"... Regardez-moi bien. Ne reconnaissez-vous rien en moi ?

Le journaliste : Non. Rien... et j'aimerais comprendre ce que signifie tout cela ! Auriez-vous quelque chose à me reprocher ?

La forme : Attendez. A l'époque, vous ne voyagiez pas seul. Vous étiez accompagné d'un photographe...

Le journaliste : Oui. Marc...

La forme : N'avez-vous pas vendu une photo d'un reportage à l'extérieur de Johannesburg, dans un bantoustan...

Le journaliste : Oui... Une photo de femme en pleine campagne. Elle portait un vêtement de couleurs vives, comme un patchwork, sur une jupe noire. Elle avait la tête attachée. Elle était à la fois tellement fragile et profondément digne...

La forme : Digne ? Elle avait sombré dans le silence depuis longtemps... Qu'aurait-elle pu faire d'autre ? Et nous avons gardé cela, tenez, nous vous l'offrons.

(La forme ôte, de son costume, un tissu pareil à la description qu'en a donné le journaliste. Le journaliste prend le tissu, ému)

Le journaliste : Que me reprochez-vous ?

La forme : Mais rien. Absolument rien... Vous avez publié cette photo, elle a fait le tour des magazines, des journaux. Elle était belle, elle était forte.

Le journaliste : Je ne comprends pas le ton que vous utilisez. Vous semblez à la fois désabusés et furieux contre moi...

La forme : Désabusés ? Non, nous sommes simplement en train de réaliser qu'il devient de plus en plus banal d'être privé de ses droits, d'être torturé, de disparaître corps et biens, d'être séparé de sa famille, d'être assassiné, défiguré. L'information est toute de légèreté, et nous sommes rapidement renvoyés à nous-mêmes, à notre impuissance.

> **Une voix** : "La pluie tombe sur Sarajevo. Les rues sont désertées. Un chien passe en courant ; lui aussi a appris à courir entre les balles qui continuent à fuser de partout. Sur un mur qui s'est écroulé, un drapeau, dérisoire, flotte encore, vestige de l'ancienne Yougoslavie que la folie des camps ennemis a oublié de détruire...

La nuit va bientôt descendre son rideau de peurs sur la ville. Une journée de plus dans l'enfer de Sarajevo..."

La forme : N'est-ce pas de vous, aussi ?

Le journaliste : Oui.

La forme : Tenez. Nous avons retrouvé le drapeau oublié.

Le journaliste : Vous n'aimez pas mon style, apparemment.

La forme : Vous vous trompez. Nous sommes persuadés que vous êtes l'un des meilleurs de votre journal. Simplement, il nous semble que vos écrits ne présentent guère de danger pour les malheurs qui perdurent.

Le journaliste : Mon Dieu ! Est-ce qu'il m'appartient de changer le monde ? Est-ce qu'il m'appartient, à moi, de renverser les gouvernements fantoches, les dictatures sanglantes, d'imposer des élections libres, de...

La forme : Enfin ! Voilà, nous vous préférons tel que vous êtes là, maintenant, indigné. Nous avions peur que plus rien ne puisse vous indigner !

Le journaliste : Mais je n'y suis pour rien ! C'est...

La forme : L'habitude... la force de l'habitude ! Vous avez vous aussi été gagné par elle... Il ne s'agit pas d'indifférence, non. Pourrait-on être complètement indifférents aux images que vous diffusez ? Impossible. Mais habitués, oui. De par le ton employé, la rondeur des phrases et des mots, l'entregent mis à l'exposition de l'horreur... plus personne n'est capable de discerner réellement les lieux précis, les situations précises, sinon par ces vestiges que vous nous lâchez au détour d'une phrase : des lambeaux de tissu, des restes de folklore... *(La forme arrache une à une les parties de son costume)* Tenez ! Il est resté ceci de cette jeune femme défigurée par son mari en Inde. Une histoire de dot non payée ! Prenez, c'est un bout de son sari rose... Et ceci, de ce groupe de quatre-vingt-quinze Haïtiens embarqués dans une soute de sept mètres sur deux, et renvoyés dans leur pays par les gardes-côtes américains. Un foulard à carreaux noir et blanc ! Vous vous rappelez ? Vous notiez qu'il flottait sur l'eau... Mieux que des corps, une trace de ce qui fut une femme... ou une jeune fille peut-être ! ... Et ça ? Vous en voulez ? Ah, vous ne reconnaissez pas ! Cherchez donc au fond de votre mémoire... Ce tissu noir ? Un magnifique tchador ! L'Iran, ses minarets, ses femmes voilées... Et les tissus du Congo, les tissages du Mali, les percussions cubaines, le regard des Indiens du Chiapas, le courage des femmes algériennes !

Le journaliste : Si nous ne faisions pas ce travail, notre travail - comme vous semblez le souhaiter -, que sauriez-vous de tout cela ?

La forme : Quelquefois, nous assistons au dérapage, et les larmes nous viennent enfin ; l'incapacité de dormir tranquille revient dans nos vies. C'est une femme d'Algérie qui parle au détour d'un écran. Plus simplement une image, mais une voix, une révolte, un défi, une force de vie. "Madame, je vous en prie, vous dépassez votre temps de parole ! Le reste de l'actualité nous attend ! Madame, je vous en prie !" ... Le temps prévu bégaie devant l'inattendu. *(Silence. Le journaliste tousse. Il se racle la voix)* Pardonnez-nous. Nous n'avons pas joué le jeu... *(Silence)* Ce n'est pas contre vous... *(Silence)* Vous comprenez pourquoi cette photo que vous vouliez prendre était inutile ? Vous l'aviez déjà... ce n'est qu'un patchwork. *(Silence. La forme, plus lentement, enlève les derniers oripeaux de son costume. Alors apparaît une copie conforme du journaliste)* Venez ! Approchez... regardez-vous ! Vous vous reconnaissez ?

Le journaliste : Qu'est-ce que cela signifie ?

La forme : Nous n'en savons rien. Nous avons simplement découvert que sous toutes ces images accumulées, il y avait une image de vous-même... Et nous avons un texte pour vous, que vous n'avez pas encore écrit. C'est votre prochain article...

Le journaliste : Vous plaisantez ?

La forme : Ecoutez...

> **Une voix** : "Le jugement est tombé ce matin. Le tribunal correctionnel a condamné "Le Canard Enchaîné" pour avoir publié la déclaration d'impôt d'un grand patron français. Les journalistes expliquent que ce jugement est une atteinte à leur droit d'enquêter et de fournir les preuves de leurs informations. Le droit à l'information serait donc remis en cause par ce jugement..."

La forme : Qu'en pensez-vous ? Que pensez-vous du conditionnel "serait remis en question" ? C'est bien votre style, non ?

Le journaliste : Oui. Tout à fait.

La forme : Habituel, ce conditionnel ?

Le journaliste *(perturbé)* : De plus en plus fréquent chez moi, en effet.

La forme : C'est le mode préféré des dictateurs. Le mode des allégations non étayées de preuves.

Le journaliste : Ce massacre aurait causé la mort de cent mille personnes... Une défaillance technique serait à l'origine de l'explosion de l'avion qui transportait le président du Rwanda... Trois hommes s'apprêtant à commettre des attentats dans la ville de Haïfa auraient été tués par l'armée israélienne... C'est le froid qui serait à l'origine de la mort du petit David après la coupure de l'électricité par les services de l'E.D.F., ses parents n'ayant pas payé leur note...

La forme : Pauvre monde qui ne sait plus où est la vérité et qui ne vit plus qu'au mode conditionnel.

Le journaliste : "Tout peut changer ici... même la vérité".

La forme : Une phrase des Mexicains...

Le journaliste : Vous avez également entendu ce reportage ?

La forme : Oui... l'ironie amère... ce sont les premiers concernés qui la manient le mieux.

Le journaliste : C'est un métier difficile.

La forme : Préféreriez-vous la place des autres, ceux qui constituent vos "sujets"... ?

Le journaliste : Finalement, c'est assez souvent de nous-mêmes que nous parlons ; nous sommes nos propres sujets.

La forme : Souvent, en effet, et ce sont des moments privilégiés pour l'information... même si ce que je dis peut paraître un peu cynique...

Le journaliste : C'EST cynique !

La forme : Simplement pour affirmer qu'on ne peut se contenter d'être un oeil, de filmer le chien qui passe à Sarajevo, la pluie qui tombe sur Pnhom Pen, les enfants qui courent dans les camps et les mères qui allaitent en souriant. C'est la réalité qu'il y a derrière tout cela, et le refus qui nous importent.

Le journaliste : Je ne sais plus où j'en suis.

La forme : Au questionnement.

Le journaliste : Je ne sais plus par quel bout...

La forme : Prenez une photo.

Le journaliste : De moi-même ?

La forme : L'auto-portrait n'est jamais neutre... pensez-y... Allez ! Voulez-vous visiter la ville ? Je vous servirai de guide...

(Le journaliste hésite, pose ses appareils photographiques, hésite encore, les reprend et suit la forme, absolument semblable à lui-même)

♦

Texte lauréat ex-aequo du concours "Une scène pour la Démocratie" 1995.

Née à Pointe-à-Pitre (Guadeloupe) en 1957, Gerty Dambury est professeur d'anglais. Parallèlement, elle mène une carrière d'auteur (théâtre, poésie, nouvelles), de comédienne et de metteur en scène. Elle a notamment bénéficié d'une bourse du C.N.L. concrétisée par une résidence, en 1992, au Festival International des Francophonies en Limousin. Les éditions Lansman ont publié, en 1993, sa pièce *Lettres indiennes* qui sera créée lors du Festival d'Avignon 1996 par Alain Timar au Théâtre des Halles.

Génération téflon

Jean-Rock Gaudreault

Un bungalow nord-américain. La mère écoute un reportage en direct couvrant les élections à la télévision. Entre Gabi, son fils de dix-huit ans. Tout au long que dure la scène, le son de la télévision est très fort.

La mère : T'es pas encore allé voter, Gabi ?

Gabi : Fait frette dehors, on gèle.

La mère : J'y ai été, moi, pis chu pas morte.

Gabi : C'est trop long.

La mère : Attendre quinze minutes une fois par quatre ans, me semble que c'est pas long...

Gabi : Coudonc... tu te prends pour l'Oncle Sam ?

La mère : Non, j'essaie de faire ton éducation de citoyen.

Gabi : J'suis un bon citoyen ; je paie des taxes en fumant des cigarettes. Quand j'ai une contravention pour excès de vitesse...

La mère : Tu me la ramènes pour que je la paie !

Gabi : De toute façon, voter ça sert à rien, on sait déjà comment ça va finir ; les sondages ont dit que ce sont les Conservateurs progressistes qui l'emportaient sur le Mouvement du changement réactionnaire.

La mère : Les sondages, c'est pas la vérité.

Gabi : Pis ce que disent les politiciens, c'est la vérité peut-être ?

La mère : C'est la première fois de ta vie que t'as l'âge de voter, pis tu irais pas ?

Gabi : Pas obligé.

La mère : Y devrait l'obliger.

Gabi : Ça serait pas démocratique.

La mère : Me semblait que t'avais un penchant pour un des partis. T'en parlais l'aute jour avec ton père.

Gabi : Ouais, les Conservateurs progressistes... je sais plus... En tout cas, quand leur chef est passé à Musique Plus, je l'ai trouvé pas pire...

La mère : Maudit canal de musique forte !

Gabi : C'est "cool" qui se montre la face à ce poste-là.

La mère : Ben vite, les députés vont faire des annonces de chars pour augmenter leur cote de popularité.

Gabi : Moi qui pensais que t'aimais les politiciens.

La mère : Es-tu fou ? J'en pense ce que tout le monde en pense.

Gabi : Bon, alors...

La mère : Alors, j'ai été voter parce qu'on sait pas ce qui peut arriver.

Gabi : Y arrivera rien, c'est justement ça qui est platte.

La mère : Regarde ce qui s'est passé en Afrique du Sud. Ils se sont battus pour l'avoir, le droit de vote.

Gabi : Ouais, ben là-bas, c'est pas pareil. C'est moins ennuyant qu'icitte. Ils ont pas juste deux partis politiques eux-autres.

La mère : C'est vrai qu'on pourrait en avoir plus que deux.

Gabi : Ben voyons, le monde serait tout mêlé. Non, faut que ça ressemble au hockey : ton équipe contre les méchants adversaires.

La mère : Chez nous, on est trop ben. Mais moi, je te le dis : si on se laisse endormir, y en a qui vont profiter de la situation.

Gabi : Pauvre moman, tu vois tout en noir aujourd'hui. Pour moi, tu sens que tu vas les perdre, tes élections.

La mère : C'est ben la dernière de mes préoccupations. Mais, à ben y repenser, t'es trop jeune pour comprendre tout ça.

Gabi : Je comprends.

La mère : Non, sinon, tu serais aller voter.

Gabi : Je te vois venir avec ta psychologie à cinq cents. Ça marche pas avec moi.

La mère : Si on était dans la misère, le monde se tiendrait plus debout.

Gabi : Pour faire quoi ? Des manifestations ? Les politiciens changeraient même pas leur tactique : ils promettraient des emplois, des baisses d'impôt, pis tout ce que le monde veut entendre.

La mère : Quand j'étais jeune, les candidats passaient dans les rangs en promettant d'installer l'électricité, d'asphalter les routes...

Gabi : C'était le parti du vingt-cinq décembre !

La mère : Si y décidaient demain matin de remonter l'âge du permis de conduire à vingt et un ans, qu'est-ce que tu ferais ?

Gabi : Pas de danger qu'y fassent ça, c'est ben trop payant pour tout le monde.

La mère : C'est effrayant de manifester autant d'indifférence à ton âge, Gabi.

Gabi : Je suis pas indifférent, je suis conscient. On est la "génération téflon", moman : inoxydable, insondable, et apolitique. C'est ce que disent les profs à l'école.

La mère : On vit dans un monde de fous.

Gabi : Tu dis ça vingt fois par jour.

La mère : C'est parce que c'est vrai.

Gabi : T'es déprimée, moman, c'est la politique qui te fait ça. T'écoutes trop les nouvelles à la télé.

La mère : Tu devrais le faire plus souvent. Il y a pas juste la section des sports dans un journal. C'est important d'être informé.

Gabi : C'est comme si tu me disais que c'est important de se faire mener en bateau. Les politiciens sont plus des idéalistes sortis du fond de la campagne comme dans ton temps ; sont devenus des experts en communication. Y posent un geste impopulaire pis ils le nient en même temps. Les gens les croient sur parole. De toute façon, c'est pas en faisant une croix dans un rond blanc qu'on va changer notre sort.

La mère : Si ton arrière-grand-père avait pensé comme toi, on serait pas au monde.

Gabi : Comment ça ?

La mère : C'était un Irlandais.

Gabi : Pis.

La mère : Pour être Irlandais à Saint-Rédempteur-de-Beauce, il faut être venu d'Irlande.

Gabi : Je vois pas le rapport.

La mère : Un de ses frères était arrivé ici avant lui et il lui avait parlé de la façon dont ça se passait en Amérique, comment les gens étaient libres.

Gabi : Pis l'ancêtre est venu le rejoindre, pis il a vécu heureux jusqu'à la fin de ses jours...

La mère : Non, il est mort dans la cale du bateau en plein milieu du fleuve : le choléra. Mais il avait ses enfants pis sa femme avec lui. Mon grand-père était l'aîné. Quand on parlait de politique avec lui, c'était toujours passionnant.

Gabi : Amen.

La mère : Tu trouves que je radote ?

Gabi : Ben non.

La mère : Ah, pis fais ce que tu veux. T'as raison, je peux pas t'obliger. Mais j'aurais été fière, par exemple.

Gabi : Si c'est si important que ça pour toi, moman...

La mère : Ce l'est.

Gabi : Bon ben, je vais te faire plaisir. Je vais y aller voter.

La mère : Aujourd'hui tu me fais plaisir, un jour, peut-être que tu le feras pour toi.

Gabi : C'est la routine de la vie qui commence.

La mère : C'est bien que ça soit une routine. *(Gabi sort. Noir)*

♦

Texte lauréat du concours "Une scène pour la Démocratie" 1995 - "Moins de 25 ans"

Biographie de Jean-Rock Gaudreault : voir page 68.

Vêtir les nus

Michel Ducobu

Un seul être leur manque, et tout est déréglé.

Un homme nu, le crâne rasé, est assis sur le sol, adossé à un mur, face au public, jambes allongées, mains posées sur le sexe. Le regard est horizontal et neutre. Un mur d'enceinte, blanc, d'une hauteur de deux mètres, encadre la scène. Bruit d'une camionnette qui s'arrête à quelque distance. Une portière glisse et claque. Pas d'un homme qui s'approche. Une ombre apparaît bientôt et s'immobilise.

Voix off : On m'a dit que vous étiez là. Depuis un certain temps déjà. On parle même de plusieurs années. Je ne pensais pas que cela fût possible. Vous ne prenez jamais de repos ? Un peu de détente ? Vous ne sortez pas, quelquefois ? Il est vrai que vous n'êtes pas vraiment à l'intérieur. Ni tout à fait dehors non plus. Du moins de l'autre côté, dans le monde, parmi nous. Vous devriez essayer. Un contact de temps à autre, un échange d'idées, de regards. Evidemment, dans votre tenue... vous seriez plutôt dévisagé. Ou montré du doigt. On vous renverrait d'où vous venez. Ou l'on se moquerait de vous. Bien que vous n'ayez pas la tête de celui dont on rirait. En réalité, ce n'est pas exactement de votre tête que je veux parler, mais de votre corps tout entier, tel que vous le montrez en ce moment. Il ne me viendrait pas à l'idée... non, pas du tout. S'il fallait porter un jugement sur votre absence de tenue, votre extrême simplicité... Mais nous n'avons pas l'habitude de rencontrer un homme à l'état de nature. Le naturel aujourd'hui n'est plus naturel. Ce serait une grave erreur de vouloir en revenir à cet état originel. Tout notre édifice spirituel s'effondrerait. N'est-il pas bâti sur un équilibre entre ce qui est permis et ce qui ne l'est pas ? D'un côté la loi, de l'autre la justice. Si la première est respectée, la seconde se réalise. Sans lois, sans interdits, c'est l'équivalence aveugle. Ce sont les règles qui créent les différences entre ceux qui les suivent et ceux qui les ignorent. Si tout était permis, comment pourrions-nous créer la différence entre les bons et les autres ? Les justes et les coupables ? Vous voyez bien que la nudité complète est impossible. Elle abolirait toute espèce d'évolution humaine. Il n'y aurait plus aucune raison d'améliorer son comportement, de rechercher une conduite plus décente, ou disons moins gênante vis-à-vis d'autrui. Vous n'êtes sûrement pas sans savoir que toute morale repose sur la privation, le sacrifice. Sans sacrifice, sans le sens du sacré à l'origine, plus rien n'a vraiment de valeur. Dois-je comprendre que vous avez renoncé ? Vêtu, vous seriez prêt à quelque chose. A l'action ou à la protestation. Vous ne risqueriez pas d'être arrêté sur-le-champ. Vous seriez actif ou marginal, bien ou mal dans votre peau, exemplaire ou suspect. Mais nu ! Nu ! Votre apparition inattendue n'aurait aucune utilité. Les gens respectables comme les dévoyés vous prendraient pour un fou, un innocent, incapable de nuire. Donc inutile à ceux qui voudraient perturber l'ordre, de même qu'à ceux qui ont à coeur de le maintenir. A moins que vous ayez pris la décision de ne plus sortir ? Je crois vous avoir déjà interrogé à ce propos. A la vérité, je me posais plutôt la question à moi-même. Si j'étais à votre place, que ferais-je ? C'est cela, oui. C'est bien un problème personnel que je soulevais. Suis-je fait pour la solitude ? C'est toujours soi-même que l'on questionne. Il serait si simple de répondre à la place de l'interlocuteur, vous ne trouvez pas ? On aurait ainsi des réponses tout à fait satisfaisantes. Je n'ai jamais cru à la vertu du dialogue. Vous non plus, j'en suis sûr. Sinon, vous ne seriez pas là, à vous taire obstinément. Mais le silence n'est-il pas une sorte de défiance vis-à-vis de soi ? Tandis que le monologue ! Le monologue devant quelqu'un qui vous écoute, qui écoute vos questions et vos propres réponses... Et puis ce serait au tour de l'autre. On approcherait ainsi de la vérité. Qui d'autre que soi-même peut répondre mieux à ses questions intimes ? Si je demande si je suis coupable ou non, si j'ai agi spontanément ou par calcul, quelle réponse valable puis-je donc attendre de l'autre ? C'est à moi à formuler un avis, à émettre un jugement sur tout ce qui a fondé mon action. Si chacun procédait de la sorte... Vous, par exemple, vous pratiquez certainement ce type d'examen de vous-même. Vivant seul, vous êtes souverain. L'ennui, c'est qu'en ne sortant jamais de votre enceinte, vous ne risquez pas grand-chose. C'est un peu facile. Votre engagement est inexistant, ou quasi. Vous avez décidé une fois pour toutes de ne plus rien décider. Mais cela ne demande pas moins un choix. Et vous devez l'estimer, l'évaluer par rapport à notre engagement, le nôtre, celui qui nous fait agir constamment. Au risque de nous perdre ! Vous vous considérez certainement comme meilleur que nous, puisque vous ne faites de tort à personne.

C'est un peu léger, mais au moins inoffensif. C'est déjà quelque chose. Et puis, vous attirez la sympathie, ou, plus exactement, une espèce de curiosité. Ne croyez pas que ce soit pour cette raison-là que je sois venu vous voir. Non, pas du tout. Je cherche au contraire à comprendre. J'ai quelque expérience de la vie humaine. Je ne suis plus tout jeune. J'ai vu beaucoup de choses, fréquenté toutes sortes de gens. Chaque cas m'intéresse. Le vôtre est très singulier. Surtout dans nos régions. On y est actif de père en fils. Ou réactif, mais jamais inactif. Vous, vous avez opté pour... j'allais dire l'inutilité. Le terme a dépassé ma pensée. Je dirais plutôt "inaction", par rapport à cette action constante que nous menons. A vous de m'éclairer. Etes-vous devenu inactif par réaction ou considérez-vous votre attitude comme une autre sorte d'action ? D'un autre ordre ? Plutôt ceci, n'est-ce pas ? Vous partez du principe que l'action et la réflexion sont incompatibles. Préférant cette dernière voie, la plus commode, vous vous êtes retiré du monde. C'était le seul moyen pour vous. Ainsi vous êtes passé maître dans la réflexion, abandonnant l'action à ceux que vous jugez plus superficiels, moins aptes à cette très haute démarche. Ainsi avez-vous dressé entre vous et le monde une barrière hautaine. Ce mur n'en est-il pas une ? Très confortable, au demeurant. Vous, à l'écart, protégé des autres, les mains propres, sage par défaut ; et nous, les corrompus, les vaniteux, les déraisonnables. En un mot, grâce à nous, vous vous sentez différent. Sans nous, vous n'existeriez pas en tant que sujet différent et supérieur. On ne se sépare des autres que pour les regarder de haut. Ou de travers. Ce serait plutôt de haut, de très haut même que vous contempleriez le monde. Votre regard d'ailleurs... Vous avez déjà vu votre regard ? Vous faites l'impossible pour le rendre neutre, mais il ne l'est pas ! La neutralité pure n'existe pas ! Vous êtes toujours d'un côté ou de l'autre. Et votre regard soi-disant... comment dire ? ...votre regard déshumanisé, voilà, c'est tout à fait cela. Eh bien, votre regard déshumanisé en dit long sur vous-même. Vous êtes nu, mais vous couvrez les autres de mépris. Vous ne devez aimer personne. Et qui, en retour, apprécierait votre raideur ? Je vous plains. Ce n'est pas à vous que je dois apprendre que l'homme n'est pas fait pour vivre seul. Comment pouvez-vous vous sentir vraiment vous-même sans le regard de quelqu'un ? Quelqu'un qui vous observe, qui prend la peine de vous examiner. C'est alors seulement que vous vous sentez pris dans l'existence. Saisi comme une mouche dans une toile d'araignée. Ce n'est pas toujours une épreuve d'ailleurs. Vous pouvez vous en sortir, si vous refusez de vous laisser engluer dans l'oeil de l'autre. Vous le fixez à votre tour, vous l'enfermez dans votre filet secret. Et vous voilà déjà à égalité de chances. Et si vous voulez l'emporter sur votre adversaire, vous vous persuadez que c'est bien vous le chasseur, et lui, la proie. Vous inversez les rôles en quelque sorte. Et le voilà pris à son propre piège. Il va vous envier, vous implorer du regard, toujours le regard ! Vous pouvez cesser le jeu quand vous aurez perçu chez lui une lueur admirative à votre égard. C'est un divertissement que j'aime à pratiquer. Que vous puissiez vous en passer me laisse très perplexe. Si vous en connaissez la règle, c'est-à-dire le choix de la pièce, du rôle, vous n'aurez plus rien à craindre. Toutes les portes vous seront ouvertes. Il suffit de prendre, et de garder surtout, ce regard d'araignée tant que la situation est incertaine. Dès que l'autre cède et accepte votre force, vous lâchez un peu de fil et l'on gardera de vous l'image d'un maître bienveillant. Pourquoi donc vous priver d'une telle ressource, d'une stratégie si simple et si efficace ? C'est l'arme suprême de l'homme d'action. Pour être à la pointe de l'action, il faut un profil coupant, qui inspire une sorte de crainte à l'adversaire moins bien armé. Une fois toisé, marqué au fer de votre oeil, l'autre baisse la tête et avoue sa différence. L'un et l'autre se sont flairés en quelque sorte. Celui qui se sera senti plus faible voudra - hélas ! - prendre sa revanche. Il n'y a rien de plus gênant. Les gens devraient comprendre une fois pour toutes, n'est-ce pas ? Cela éviterait bien des ennuis. A tout le monde ! Pas uniquement aux meilleurs. L'insatisfaction est la pire des motivations humaines. La véritable intelligence n'est-elle pas celle qui nous a éclairés sur ce que nous sommes, ni plus ni moins ? Et s'en tenir à sa vraie nature, n'est-ce pas ce qu'il convient d'attendre d'un homme vraiment lucide ?

Vous me laissez parler. Vous ne voulez vraiment pas m'interrompre ? Ce que je vous dis ne vous intéresse peut-être pas directement ? Vous n'êtes pas concerné. Evidemment… Avec la vie que vous menez… ou que vous ne menez pas, plus exactement. Cette espèce de non-vie qui est la vôtre. Parce que votre sagesse, si c'est bien elle à quoi vous tendez, ne vous sert à rien. Personne ne vous connaît, ne vous consulte. Si j'ai entendu parler de vous, c'est parce que je m'informe à tout instant, à tout propos. L'homme doit tout connaître de l'homme, n'est-ce pas ? Rien de ce qui est humain ne doit laisser indifférent. C'est aussi une forme de sagesse. Vous ne pouvez le nier.

Je pourrais vous en apprendre sur la vie des gens, sur leur comportement. Leurs erreurs ! Leurs errements ! Je vous en parlerais à l'infini. Même les miens. Je pourrais vous entretenir de moi, de ce qu'il m'est arrivé de ne pas réussir parfaitement. Mais je ne suis pas venu vous voir pour me dévoiler à vous. C'est vous qui m'intéressez ! Un personnage comme vous, si... exceptionnel. Un homme qui fait exception, qui s'est retiré de la vie courante, sur la berge du non-vouloir, à l'ombre des heures indifférentes. Ne croyez pas que je vous prenne pour un illuminé ou un maître spirituel quelconque. Vous n'avez aucune réputation particulière, aucune audience. On ne parle de vous, quand on en parle, que d'une manière très évasive. L'homme qui, dit-on, l'homme qui vit là-bas... et "qui vit" est encore un euphémisme. Mais peut-être le dit-on sans vraiment comprendre. Moi, je tiens à comprendre. Je ne suis pas ici pour rien. Je ne me suis pas dérangé de si loin pour rien. J'ai de multiples activités, et non des moindres. Vous comprenez dès lors qu'il me serait impossible de partir d'ici sans avoir obtenu de vous quelque éclaircissement. Notez que... Non, c'est à vous qu'il revient de m'expliquer. Vous en avez le devoir. Ce n'est pas tout de vivre au milieu des autres, car, quoi que vous en pensiez, vous vivez isolé au milieu des autres. Il faut aussi se justifier, informer ceux qui vous entourent du choix que l'on a fait. Et, à mon point de vue, votre cas est tellement insolite, tellement déplacé, qu'il me paraît impérieux, urgent que vous vous en expliquiez. Quelques mots, une brève déclaration que vous me feriez, et je pourrais, disons, mieux vous faire connaître. Etes-vous conscient que vous courez certains risques à demeurer à l'écart des autres ? On pourrait vous en vouloir, vous reprocher votre absence, votre vide d'humanité, votre égoïsme, votre lâcheté. Ne sourcillez pas, je vous ai bien vu sourciller. Votre attitude n'est rien moins que lâche, veule, si vous préférez. On ne vit pas dos au mur, on surmonte ! L'existence n'est pas seulement donnée, elle se conquiert. Vos parents. Vous y pensez parfois ? Vivent-ils toujours ? Pensez-vous qu'ils vous aient mis au monde pour vous voir en arriver là ? Vous vous ôtez injustement la vie qu'ils vous ont offerte. Si vous estimez vraiment n'être rien, encore faut-il être quelque chose. Etre rien, ce n'est pas rien, si vous me permettez cette boutade un peu subtile. Il faut savoir. Vous n'allez pas continuer à n'être que l'ombre de ce que vous pourriez être. Vous avez à être quelqu'un, et non pas cette masse inerte, et tout à fait immon... immorale. Ou alors vous devez vous exprimer. Vous avez eu le temps de réfléchir. Très largement. Vous en avez même abusé. Un privilège de plus. Alors on vous écoute. C'est le moment de vous mettre à nu, dans le sens où nous l'entendons, de ce côté-ci, entre gens civilisés. Vous mettre à nu, retrousser vos manches, prendre la parole, prendre une place, un rôle ! Ne pensez pas que vous avez le droit de me retenir plus qu'il n'est nécessaire. Il y en a d'autres qui m'attendent, des... comme vous, des inadaptés, des faibles, des parias. Oui, vous avez bien entendu. Et malgré tous vos efforts, vous paraissez enfin avoir éprouvé le désir de réagir. Voyons, vous n'êtes pas inintelligent, votre regard, j'ai eu le temps de bien l'observer, cache mal une forme, une certaine lueur... bref, vous voyez clair tout de même, vous n'avez pas baissé une seule fois les yeux. Il faut se livrer, il faut oser ! Même les victimes, les opprimés parlent. Qu'est-ce que vous attendez ? Etes-vous en dessous d'eux ? Me serais-je trompé à votre égard ? Cela m'étonnerait. J'en ai vu des gens comme vous, des révoltés et des fanatiques. Et je les ai dressés devant eux-mêmes, je leur ai montré ce... ce qu'il en était ! Vous y passerez comme eux ! Mais vous répondrez ! Qu'est-ce qu'on vous a fait ? J'exige que vous vous manifestiez d'une façon ou d'une autre. Je vous le répète, je n'ai pas fait ce long déplacement pour rien. J'ai d'autres... d'autres chats à fouetter. Je ne pourrais pas me permettre une attitude comme la vôtre. Qui pourrait se la permettre ? Qui ? Chacun a sa petite pierre à apporter au grand édifice. Vous devez bien avoir une fonction ? Quelles sont vos revendications ? Dites-moi ce qui vous retient d'agir. Vous êtes peut-être malade ? Déprimé ? Désabusé ? Ça se soigne, mon ami, ça se soigne. Je connais un thérapeute, un expert tout à fait remarquable, capable de vous remettre sur pied en moins de temps... Ne souriez pas. Vous avez souri, cette fois, vous ne pouvez le nier. Ou alors... *(L'ombre se rapproche)* A vous regarder de plus près, vous avez même un de ces airs arrogants. Presque insultant. Vous vous prenez pour quelqu'un. Vous affichez un air et un silence hautains, mais vous n'êtes qu'un pauvre misanthrope, une espèce de philosophe fatigué de vous-même plus encore que du monde. A force de vous poser des questions inutiles. C'est en agissant qu'on trouve, c'est aussi de la philosophie, cela, non ? Vous ne m'en imposerez pas. Votre raison tourne à vide, elle ne sert qu'à entretenir votre pessimisme chétif. Au charbon, des esprits comme le vôtre ! A-t-on idée de penser sans se dépenser ? Vous jonglez avec les mots pendant que les autres se battent et s'épuisent. Vous n'avez pas honte ? Vous vous targuez d'un droit à la paresse. Mais vous n'aurez de droit que si vous remplissez vos devoirs. Un peu de laisser aller, si cela vous chante, mais au bout du chemin, seulement, au terme de vos actes.

Vous n'allez pas changer la vie des gens comme vous l'entendez. Quel exemple si l'on vous voyait ! Encore heureux que vous vous cachiez derrière ces murs ! Les avez-vous bâtis vous-même au moins ? J'en doute fort. Vos mains sont nettes comme des mains de vicaire. Avez-vous seulement réfléchi au labeur qu'ont dû endurer ceux qui vous ont permis de vivre comme vous le faites, à l'abri de tout ? Sans eux, que seriez-vous ? Mais c'était exiger trop de vous. Le travail est une malédiction, un non-sens, un accident non nécessaire. Ce sont là de vieilles théories, mon petit ami, tout juste bonnes à alimenter l'inspiration défaillante de quelque moraliste en mal de paradoxe. Vous rêvez. On serait bien fou de vous accorder quelque crédit. La moindre influence même. Vous voyez, vous êtes irrémédiablement seul, évacué du monde des vivants. Stérile. Mort-vivant. Vous faites peine à voir. A votre place... Et peut-on savoir ce qui vous maintient dans cet état entre l'être et le non-être ? Vous n'êtes pas constitué uniquement de composants théoriques ? On doit bien vous apporter de temps à autre quelque basse nourriture ? Racines, écorces, mousses... *(L'ombre se déplace vers le mur)* Pas le moindre lichen. Ces murs sont aussi nus que vous. Il faut donc que cela provienne de l'extérieur. Un disciple ? Un fidèle aussi détraqué que vous ? Une femme ? Envoûtée par votre regard de marbre ? Votre nudité on ne peut plus provocante ? Un homme qui n'est pas abîmé par la besogne n'est pas à dédaigner. Des mains blanches et douces... *(L'ombre s'approche encore)* Une peau sans défaut. *(L'ombre cache maintenant complètement l'homme)* Un sexe parfait. Une belle colonne sans défaut. Ordure ! *(L'ombre gifle l'homme, puis recule vivement pour esquiver une éventuelle riposte. L'homme est tombé sur le flanc)* Tu ne croyais tout de même pas que tu allais t'en tirer comme cela ? Avec la santé que tu as ! Je t'aurais bien laissé crever sur place, mais pas avec ce que tu caches. Quand on est si bien... si bien conservé, il faut se donner un peu autour de soi. Tu ne trouves pas ? *(L'ombre lui jette un coup de pied)* Ça cogne sec, tu as de l'os. Tu vas nous montrer ça autrement. On va s'occuper de toi, l'ami. Ça me connaît, ce genre d'affaires-là. On va te mettre à l'ouvrage, hein ? *(Il lui jette un nouveau coup de pied)* Tu ne te lèves pas ? Tu ne réagis toujours pas ? Non-violent ? J'adore. Ça m'excite comme un monologue. *(Il le pousse du pied et le retourne)* Qui ne dit mot consent. C'est que tu aimes ça aussi.

(Apparaît un individu de très petite taille, vêtu d'un long manteau sombre et d'un chapeau à larges bords. Il s'approche du corps, lui soulève du bout

du pied une jambe, puis l'autre, puis il s'étend sur lui, le couvrant des pans de son manteau. Il demeure quelque temps, sans bouger. Il se relève ensuite, en se reboutonnant calmement. C'est la même voix off qui continue de parler) J'aurais peut-être pu essayer une autre méthode. Le soudoyer par exemple. Ou l'emmener de force. Il en serait sorti de toute façon. On l'aurait enfermé quelque temps, puis relâché. Il fallait autre chose. Ce genre d'individus a toujours une... comme une arrière-pensée. On ne peut jamais être sûr de leur innocence. Alors, dans ces cas-là, rien de tel que... remettre les choses en place. Plus d'arrière-pensée ! *(S'esclaffant)* Plus de pensée mal placée ! *(Hurlant)* En avant !

(Deux personnages, en tenue de vigile, gris verdâtre, baskets blanches, casquette de base-ball, surgissent du haut des murs et se laissent glisser à l'intérieur de l'enceinte. Ils saisissent chacun un membre de l'homme couché et emportent ce dernier comme un corps que l'on va jeter sur un charnier. On entend bientôt le bruit d'un moteur de camionnette qui est mis en route, puis le "han" des hommes qui lancent le corps à l'intérieur du véhicule. Départ du combi. Demeuré seul, le chef se déshabille avec lenteur et s'assied dans la même position que celle de l'homme qu'il a interrogé. Il l'essaie plusieurs fois avant de la trouver conforme et de s'y maintenir, en souriant, puis en gloussant de contentement au bout de quelques instants)

♦

Texte lauréat ex-aequo du concours "Une scène pour la Démocratie" 1995.

Né à Bruxelles en 1942, Michel Ducobu est professeur de français et animateur des "Midis de la poésie" à Namur. Auteur prolifique (poésie, nouvelles, théâtre), il a vu plusieurs de ses oeuvres primées en Belgique et à l'étranger. *Vesper, Nox* a reçu le Prix Promotion Théâtre en 1988 et figure parmi les toutes premières pièces du catalogue des éditions Lansman (1989).

Hollywood Subjonctif

Jean-Pierre Dopagne

Face à Monsieur l'Inspecteur, Flore, environ dix-sept ans. Un peu en retrait, le Professeur.

Flore : Oui, c'était un subjonctif.

L'Inspecteur : Alors, l'affaire est entendue.

Flore : Imparfait.

L'Inspecteur : Raison de plus.

Flore : A fortiori. On dit : "a fortiori". C'est plus beau.

L'Inspecteur : Professeur !? Mademoiselle connaît le mot "beau" ?

Le Professeur : Ce n'est pas moi, Monsieur l'Inspecteur.

Flore : "La promenade est belle... Le beau jour...".

Le Professeur : Mademoiselle Flore !

Flore : Molière...

L'Inspecteur : Quoi ?

Flore : *"L'école des femmes"*...

L'Inspecteur : Assez !... Revenons à ce qui nous occupe, voulez-vous... Mon temps est compté, et vous n'êtes pas la seule... Mademoiselle, la dissertation que vous avez écrite, que m'a transmise votre professeur et pour laquelle vous comparaissez aujourd'hui, constitue un délit que je me dois de sanctionner sans clémence... Vous venez de reconnaître avoir utilisé le subjonctif : vous n'avez donc aucune circonstance atténuante. A vrai dire, jamais je n'ai eu à juger... un tel...

Le Professeur : Un tel... !

L'Inspecteur : Crime !

Flore : J'ai lu Rimbaud, j'ai lu Verlaine et puis Molière.
Et comme eux, j'ai voulu crier mon mal en vers.

L'Inspecteur : En vers !

Le Professeur : En vers !

Flore : En vers !

L'Inspecteur : Et crier votre mal !?
De quel mal parlez-vous ?

Flore : De ce mal infernal
que d'un nom mensonger vous appelez "école",
et qui sournoisement rend la jeunesse folle.

Le Professeur : Monsieur l'Inspecteur, n'allez pas croire...

L'Inspecteur : Les livres d'Histoire ?

Le Professeur : Impossible, Monsieur l'Inspecteur, les élèves sont fouillés tous les matins.

L'Inspecteur : Les anthologies ?

Le Professeur : Déchirées.

L'Inspecteur : Les dictionnaires ?

Le Professeur : Recyclés.

L'Inspecteur : Les grammaires ?

Flore : Brûlées ! Comme vous l'avez ordonné, Monsieur l'Inspecteur. Il a tout brûlé. Notre langue. Notre histoire. Notre poésie.

L'Inspecteur : Quel vocabulaire obscène !

Le Professeur : Je ne sais pas où elle l'a appris, Monsieur l'Inspecteur. Notre école est clean. Rien que des manuels de calcul, et des livres d'économie aux phrases simples : un sujet, un verbe.

L'Inspecteur : Un verbe !

Le Professeur : "Avoir", Monsieur l'Inspecteur, "avoir".

L'Inspecteur : Alors, d'où tenez-vous... ?

Flore : Hugo, Musset, Baudelaire...

L'Inspecteur : D'où, vous dis-je ?

Flore : La cave de mon père.

L'Inspecteur : La résistance !

Le Professeur : Votre père cache des poètes !?

Flore : Valéry, Aragon...

L'Inspecteur *(au professeur)* : Vous ne vous étiez aperçu de rien ?

Le Professeur : Quelquefois, mademoiselle arrivait en classe le teint pâle, le regard flou, les yeux cernés...

L'Inspecteur : Les mauvaises fréquentations !... Mais de là à... Attendez que je retrouve... Ah ! voilà... *(D'un paquet de feuilles, il extrait la dissertation de Flore)* Vous parlez des gouvernements... des hommes politiques... Vous écrivez *(lisant)* :

"Les enfants qui naîtraient d'un monde si rapace,
pas un jour ne vivraient sans qu'ils le rejetassent".

Une dissertation en vers ! ... Mais, mademoiselle, dans une dissertation, la "poésie" - comme vous dites - c'est la révolution ! L'anarchie ! Et par-dessus tout... par-dessus tout : le subjonctif ! Savez-vous bien ce que c'est, le subjonctif ?

Le Professeur : Oui ? Le subjonctif ?

L'Inspecteur : Vous en consommez sans doute beaucoup, du subjonctif... Il n'a l'air de rien, le subjonctif... Mais c'est une drogue, mademoiselle. Une drogue ! ... Pourvu que... je voudrais que... je souhaite que... Le désir ! Le rêve ! L'évasion ! ... Le mensonge, oui ! Voilà ce que c'est, le subjonctif. La perversion à l'état pur !

Le Professeur : Si ce n'est pas malheureux ! A dix-sept ans...

Flore *(d'un ton soudain très froid)* : Il ne faut pas neuf mois pour faire un homme. Il ne faut pas une vie. Il faut toute la vie de la terre.

Le Professeur : Qu'est-ce que vous racontez ?

Flore : Je viens du fond des âges.

Le Professeur : Elle n'a que dix-sept ans, Monsieur l'Inspecteur...

Flore : Je viens d'un temps où la parole était un don des dieux. Je ne suis de nulle part, sinon de la langue d'Homère, de la langue de Virgile, de la langue de Villon...

L'Inspecteur : Taisez-vous !

Flore : Quand même je me tairais ! D'autres parleront après moi. Hurleront ! Joachim et François. Puis Louise. Puis Marceline. Charles, Guillaume, Christine, Arthur...

L'Inspecteur *(au professeur)* : Mais faites quelque chose !

Flore : Puis les enfants de Joachim. De François. De Louise. De Marceline...

L'Inspecteur : Faites-la taire ! C'est vous son professeur.

Flore : Notre langue est une déesse.

Le Professeur : Mademoiselle Flore...

Flore : Une déesse aux formes douces, aux courbes appétissantes. Aphrodite qui sort de l'eau.

Le Professeur : Vous divaguez.

Flore : Pas la vieille femme que vous en avez faite... Edentée, plate et froide...

Le Professeur : Vous ne savez plus ce que vous dites.

L'Inspecteur : Vous n'êtes qu'une petite oie.

Flore : Il y a les oies qu'on gave et il y a les oies qui crient, qui donnent l'alerte. La langue et les poètes ont toujours donné l'alerte. Et dénoncé les tyrans.

L'Inspecteur : Vous êtes ridicule.

Le Professeur : Ridicule.

Flore : C'est la révolution, Monsieur l'Inspecteur ! Fini le temps des oies que vous accommoderez avec de la purée de marrons ! Nous n'avalerons plus vos formules et vos phrases toutes faites. Vous ne nous gaverez plus de mots à une syllabe et de slogans. Nous avons dix-sept ans. Nous nous gaverons nous-mêmes. De langue et de poésie !

Le Professeur : Elle est folle !

L'Inspecteur : Dangereuse !

Flore : Votre temps est révolu. Nous avons droit à notre langue. Nous réclamons notre langue ! Avec ses atours et ses charmes. Nous avons droit à notre Histoire et à nos poètes !

L'Inspecteur : Pour quoi faire ? ... Je vous le demande un peu... Elle vous servira, l'Histoire, pour acheter une voiture ? Une cassette ? Une vidéo ? Vous aurez besoin du subjonctif, pour remplir une facture ? Ils vous serviront, les poètes, pour signer un contrat ? ... Ah ! ah ! ... Pour vous divertir peut-être ? ... Mademoiselle ! La télévision et Hollywood s'en chargent.

Flore : La langue et la beauté sont nos seules armes. Pour dire le monde et riposter ! Notre seule défense contre les nuages noirs qui envahissent le ciel de la planète !

L'Inspecteur : La poésie, mademoiselle... Nous n'avons pas en charge d'entretenir les musées ! Quant à la langue - c'est ce que votre professeur et moi-même nous efforçons de vous enseigner - la langue est faite pour apprendre à consommer... pardon, je veux dire : à communiquer...

Flore *(au professeur)* : Combien on vous paie, par sujet gavé ?

Le Professeur : Ce n'est pas moi, Flore... J'ai suivi les consignes.

L'Inspecteur : Le programme !

Flore : Il est vrai que les profs coûtent moins cher que les munitions... Ils tuent plus lentement, c'est tout...

L'Inspecteur : Vous avez trop tardé, professeur.

Flore : Vous entendez : vous valez moins qu'une cartouche pour la chasse au lapin !

L'Inspecteur : La mesure s'impose.

Flore : Aucune mesure ne nous arrêtera !

L'Inspecteur : L'extrême.

Flore : Des milliers viendront après moi !

L'Inspecteur : Il faut y aller.

(Il se jette sur Flore et lui colle la main sur la bouche. Flore résiste)

Flore : Des milliers ! Rimbaud ne mourra jamais !

L'Inspecteur *(au professeur)* : Aidez-moi ! *(Le professeur aide l'inspecteur à maîtriser Flore et à l'immobiliser)* Votre mouchoir ! C'est vous son professeur !

(Le professeur donne son mouchoir à l'inspecteur. L'inspecteur enfonce le mouchoir dans la bouche de Flore, qui se débat. Peu à peu, sa résistance diminue. Un bras s'agite encore... Puis une jambe... Puis plus rien... Flore gît par terre. L'inspecteur et le professeur reprennent leur souffle. Silence)

Le Professeur : Le petit chat est mort.

L'Inspecteur : On n'est pas sérieux quand on a dix-sept ans.

♦

Né en 1952 à Namur (Belgique), il a quitté l'enseignement des Lettres pour devenir Délégué de la S.A.C.D. pour la Wallonie. Auteur de nombreuses pièces en collaboration avec Luc Migeot, on lui doit *L'enseigneur*, créée en 1994 au Festival de Spa, et en tournée depuis deux ans un peu partout dans le monde francophone. Le texte de la pièce, publié aux éditions Lansman, a obtenu le Prix littéraire du Conseil de la Communauté française.

Houdi en arabe, Ouda (l'oie) en hébreux

Linda Lewkowicz

Ouda, un bouquet de fleurs à la main :

Qu'est-ce que j'demande ?
Qu'est-ce que j'veux ?
Rien, être bien, *ma'bsout* !
Tu veux pas ça, toi ? *Ma'bsout* ?
Heureux ?

Ça fait une semaine,
je sors plus de Lod, près de l'aéroport.
Perdu les papiers, hop, envolés, disparus.
C'lui qu'a fait ça, si j'te l'attrape, my God !
Depuis les événements, les hommes de la sécurité
traînent partout dans le quartier
et sur le chemin qui va vers toi,
tout le temps on m'arrête dans ma course,
me contrôle le bouquet, me chatouille les fouilles.
On touche, on écrit sur la feuille que je suis en retard
et tu te fâches, tu te grattes, c'est comme ça, ici !

Mon père.
Mon père il était bédouin
et pendant que son corps faisait
la guerre du désert,
son coeur était pris en otage, capturé,
par les yeux apeurés d'une Egyptienne,
ma mère.
Ma mère.

Regarde la cicatrice.
C'est écrit dans mes cheveux.

Bob Marley qu'on m'appelle si je les laisse pousser.
J'aime pas ça, je les préfère rasés,
comme Van Damme dans "Street Fighter".

Get up, stand up, get up for your rights.

Regarde, plus rien de la peur de ma mère dans mes yeux,
plus rien de l'Egyptienne, sauf la peau brûlée
et les lèvres roses, épaisses pour t'embrasser
comme un chameau.
Camel kiss.
Donne, viens.

L'Européenne : Oui.

Ouda, un bouquet de fleurs à la main :
Eh ! ça fait une semaine.
Mon Dieu a voulu que j'perde mes papiers.
Hop, envolés, disparus.
C'lui qu'a fait ça, si j'te l'attrape, my God !
Qu'est-ce que j'y peux,
c'est c'lui-là, en haut, qui décide.
J'ai déjà été au bureau des papiers,
mais dans ma course qui allait vers le bureau des papiers,
ils m'ont arrêté,
fouillé, chatouillé.
Forcément, la porte du bureau des papiers était fermée.
Et tu t'énerves, tu te grattes !
J'y suis retourné, oui.
Du monde jusque dans la rue y avait
et j'étais pas le dernier.
Alors ma soeur Raoula m'a préparé un thé et elle a dit :
"Pas de papier, pas de travail, pas de travail, pas d'argent !"
"Pas de papier, pas de maison, la prison", j'ai répondu et on a rit.

Si mon Dieu a voulu que j'perde mes papiers,
c'est qu'il me demande de rester chez moi,
avec ma soeur Raoula et mon beau-frère Yussouf
pour attendre l'arrivée de mon neveu
qui est encore tout petit dans le ventre de ma soeur.
Voilà, alors j'attends.

Je dors, je mange, je bois le thé, je regarde MTV et le soir,
Ma'bsout,
je vais dans le chouk avec mes amis, mes frères.
On fume l'herbe,
ça fait rire,
ça fait taire,
ça fait entendre,
non, ça fait rien.
Tu veux essayer ?

L'Européenne : Oui.

Ouda, un bouquet de fleurs à la main :
Regarde la cicatrice.
J'aime pas les problèmes,
crois-moi,
mais dans le quartier, à Lod, près de l'aéroport,
les problèmes...
La dernière fois,
dans le chouk, ils sont venus du bas
là où il y a le casino,
pour demander l'argent, on n'avait pas l'argent.
Alors ils ont sorti les poignards, et hop !
Quand la police est arrivée,
tout le monde s'est envolé,
tic-tac, en une seconde personne,
sauf moi avec le poignard, dans mon bras.
Ils voulaient un coupable pour l'emmener,
mais personne.

Ils voulaient quelqu'un pour l'emmener,
j'ai dit "moi ?"
Ils ont même pas dit "toi !"
Ils ont remplacé le poignard par des menottes
et j'ai coulé le reste de mon sang
derrière les barreaux,
comme ça, sans rien dire.
Tu peux pas comprendre.
Regarde la cicatrice.

Dans le quartier, sans famille on est rien.
Sous le siège avant de la voiture,
j'ai caché mes armes.

Mon ami qui travaille pour la police secrète
Mon ami a trouvé une voiture.
Pose pas de question, il aime pas ça.
Il a donné la voiture, c'est tout.
Dans le chouk, je suis allé la montrer.
Tous, ils l'ont caressée.
Une femme, on aurait dit qu'ils touchaient,
une femme...
Ils hurlaient :
sortir du quartier, faire un tour,
prendre l'air jusqu'au désert, jusqu'à la mer...

Mais tout de suite j'ai dit : "demain !"
Tout de suite
j'ai dit : "aujourd'hui, il y a eu le tonnerre,
l'autobus 371 qui va vers la mer
a été bloqué par une voiture".
J'ai dit : "aujourd'hui,
il y a eu le tonnerre
et dans l'autobus,
il y avait mon père et ma soeur,
Lamia
qui porte elle aussi
un petit neveu dans son ventre".
J'ai dit : "aujourd'hui, le soleil est tombé rouge
et la route s'est couverte de la farce
des chairs et des tôles,
des cuirs et des tissus".
Voilà ce que j'ai dit :
"Demain, je vais à Gaza, je vais venger ma mère,
qui va crever dans sa douleur".

Ma mère.
Le petit lit, les gâteaux et les cadeaux,
tout elle a préparé, pour le neveu,

pour les invités, pour...
pour rien.
Ma mère.
Elle va pas le supporter,
je le sais.

A Lod, près de l'aéroport,
on touche pas à la famille, c'est sacré !
Mes amis n'ont pas supporté.
Ils voulaient sortir du quartier, faire un tour, prendre l'air
jusqu'au désert, jusqu'à la mer,
mais ils ont dit : "demain, avec toi, dans Gaza,
on ira venger la mort par la mort".
Des frères.
Je n'aime pas les problèmes, crois-moi,
mais quand tu vois ta famille qui disparaît...

J'ai pris une douche froide
et le soleil m'a séché sur la terrasse.
Ma soeur Raoula, pas Lamia qui est en morceaux sur la route,
Raoula, ma petite soeur,
préparait les feuilles de vigne farcies
en regardant "Fiers et courageux" à la télévision.
Elle connaît tous les épisodes.
Les yeux de Raoula dans l'écran, les mains dans le plat,
une à une, les feuilles chaudes et humides de la vigne,
une à une les ouvrait,
une à une les couvrait de riz blanc et de viande,
une à une les enroulait,
une à une jusqu'à cent,
j'ai compté avec elle.

Quand j'ai mis la main dans le plat à farce pour l'aider,
le plat était vide.
Ma soeur a compris que je voulais l'aider,
alors dans la soupe qui faisait des bulles depuis le matin,
elle a demandé d'ajouter le sel.
Putain de couvercle qui n'était pas fermé,
tout le sel du pot dans la soupe il est tombé.
Qu'est-ce que j'y peux ?

Je n'ai rien dit.

J'ai pris les verres dans l'armoire,
les ai déposés sur la table,
y en avait déjà,
ma soeur les a remis dans l'armoire.
Y avait plus qu'à s'asseoir et manger.

Avec son mari, sa belle-mère, le fils de son frère et mes amis
qui sont arrivés juste à temps,
on a mangé, serrés les uns à côté des autres.
Personne n'a touché à la soupe.
Son mari, un homme bien qui ne la frappe jamais,
son mari qui était mon ami avant d'être son mari,
son mari a dit : "donne le sel pour la soupe !"
On n'a rien dit, seulement ri
et ma soeur aussi.

Dans le sourire de ses dents
j'ai vu des yeux tristes,
si tristes que j'suis sorti,
mes amis ont dit "déjà ?"
Je suis sorti et j'ai dit :
"non, j'arrive, buvez le thé sans moi, j'arrive".
Je suis sorti lui acheter des oeillets en soie.
Dans le chouk, un rouge et un blanc, j'ai payé.
Quand je suis revenu à la maison,
j'ai mis Rahim Mouchi, tu connais ?
Le meilleur, écoute, écoute,
tu aimes ?

L'Européenne : Oui.

Ouda, un bouquet de fleurs à la main :
Et j'ai dit : "sorry" !
Ma soeur n'a rien entendu à cause de la musique.
On a ri, on a dansé, les voisins sont arrivés.
Et les petits de Mohamed, et le grand de Yassin aussi,
un casseur celui-là, un fighter.
On a ri, on a dansé, les voisins sont arrivés,
et puis, ma soeur s'est arrêtée, courbée,

la main posée sur le bas du ventre.
La musique allait si fort qu'on a eu peur
pour les oreilles de mon neveu.
En plein milieu, j'ai arrêté le meilleur morceau de Mouchi,
"Eh, c'est ma soeur", que j'ai dit.
Et on a tous mis la main sur le ventre de ma soeur,
tous, sauf les amis et les voisins.
Ma main, elle a senti le petit neveu.
Tu sais, Mouchi, il aimait bien,
il dansait, oui.
Alors on a remis la musique,
Ma'bsout
qu'on était, tous.

Ma'bsout
comme quand tu plonges dans le coeur de la Mer Rouge
et que les poissons de toutes les couleurs
viennent te jouer de l'arc en ciel autour des cuisses.
Ma'bsout
comme quand tu t'assois dans le désert
et qu'il n'y a rien autour, rien devant, rien derrière.
Ma'bsout
comme quand tu peux parler à ton Dieu
et qu'il fait si calme qu'enfin tu l'entends te répondre
dans le souffle du vent.
Ma'bsout

J'aime pas les problèmes,
mais quand ta famille disparaît...
Dans mon quartier, à Lod, près de l'aéroport,
quand un avion passe au-dessus de la mosquée,
il est déjà au-dessus de l'église
et de la synagogue en même temps.
Tu peux entrer si tu veux,
tu veux ?

L'Européenne : Oui.

Ouda, un bouquet de fleurs à la main :
On n'te dit rien,

tu entres,
tu sors
et voilà !
Qui sait qui est ton Dieu, qui sait ?
C'est pas écrit sur ta face, hein ?

Le jour qu'on a jeté la terre sur les boîtes de mon père,
de ma soeur Lamia et de mon neveu
qui partageait la même boîte que sa mère, forcément,
mon Dieu était avec moi.
Ce jour-là, j'suis entré dans la cour de la mosquée
pour me laver les pieds.
J'ai plongé mes deux mains dans le bénitier
et j'ai essuyé le tout sur le talith.
Eh, ça suffit pas quand tu perds ta famille.

Mal, *koèff* dedans, j'avais, *koèff* à l'infini.

Dès l'entrée dans Gaza,
les petits Palestiniens ont lancé des pierres.
Qu'est-ce que c'est qu'une pierre
quand on est dans une voiture ?
Pose pas de question,
c'est une voiture et on était dedans
et des armes étaient cachées partout, sous le siège avant.
Les pierres des petits Palestiniens, ça servait à rien.
Alors, les adultes ont envoyé un homme
de mon âge, un peu plus jeune peut-être.
Il était gros,
gros du TNT qui l'habillait.
On l'a vu se planter devant la voiture : *Allah Agbahr*.
Celui qui allait mourir était sûr de lui,
ma'bsout.
Dans ses yeux, tu voyais déjà les images en direct :
lui, assis près de son Dieu, et douze vierges à ses pieds
pour lui préparer le thé,
les feuilles de vigne,
pour lui mettre le sel dans la soupe,
pour lui chercher ses papiers dans le bureau des papiers...
Le paradis.

Mon ami a dit :
"les r'garde pas, c'est un mirage, fonce !"
Mais l'autre, celui qui était assis juste à côté lui, hurlait :
"non, il va nous exploser tous !"
Il avait raison.
Des morceaux partout sur la route, il y a eu.
Mes amis, mes frères et l'Allah Agbahr,
tous sont morts.
Et le soleil était rouge.
My God loves me,
j'ai couru droit devant.
Droit devant aussi vite que j'ai pu,
mais derrière, il y en avait d'autres,
avec des armes.
Ils ont tiré douze fois, tiré !
Là, là, là, là et là et là et là et là et là et là, là et...

L'Européenne :
Là, là, là, là et là et là et là et là et là et là, là,
je veux toucher, embrasser, caresser...

Ouda, un bouquet de fleurs à la main :
Couché sur la terre, avec tout ce sang,
je sais pas pourquoi,
je sais pas comment.
Je me suis relevé.
Je ne me souviens pas,
j'vois que du sang et des larmes.

J'aime pas les larmes dans les yeux de ma soeur,
alors, j'ai voulu me relever
pour sortir dans le chouk
et lui acheter des oeillets en soie,
un blanc et un rouge.
Devant la porte, je suis tombé.
Ma soeur n'a pas posé de questions,
elle a éteint la télévision.
A cause de moi,
pour la première fois,
elle a raté un épisode,

je voulais dire : "sorry",
mais j'ai dit :
"mes amis, mes frères, sont morts, et l'Allah Agbahr".
"Allah Agbahr", a dit ma soeur.
Et dans ses yeux,
j'ai vu la mort qui arrivait comme un requin.
Je les ai fermés pour pas le regarder en face,
ça porte malheur.
J'ai fermé les yeux et j'les ai plus rouverts.

Après, après je t'explique pas,
tout s'est passé entre la mort et moi.

My God loves me,
je vis, je marche,
je boîte, car ce dunky de docteur
n'a pas coincé ma hanche comme il faut.
Mais je vis.
My God loves me,
j'ai 24 ans
je suis israélien
et arabe.
Regarde mes cheveux, si je les laisse pousser,
Bob Marley qu'on m'appelle, j'aime pas ça.
Je les préfère rasés comme Jean-Claude Van Damme
dans "Street Fighter".

Get up stand up for your rights

Quand j'aurai réuni assez d'argent,
et que j'aurai mes papiers,
je prendrai un de ces avions
qui n'arrêtent pas de décoller au-dessus de ma tête
et j'irai en Europe.

Là-bas, on dit qu'il fait bon vivre
pour les Arabes comme moi.
Amsterdam, tu connais ?

L'Européenne : Oui.

Ouda, un bouquet de fleurs à la main :

Là-bas,
on va me remettre ma hanche,
là-bas,
je m'achèterai une moto et des bottes,
là-bas,
je vais travailler et quand j'aurai réuni assez d'argent,
je reviendrai
ici,
rouler dans le désert.
J'arrêterai le moteur et je parlerai à mon Dieu.
Il fera si calme que dans le souffle du vent
je l'entendrai me répondre : *Ma'bsout !*

Ce texte constitue une deuxième version postérieure à la délibération du jury.

Auteur, comédienne, metteur en scène, on doit également à Linda Lewkowicz plusieurs écrits sur le théâtre, notamment dans la revue Alternatives Théâtrales. Sa première pièce *Où est passée Julia (Roberts) ?*, qu'elle qualifie volontiers d'essai théâtral, a été publiée dans la collection "Tirages Légers" des éditions Lansman en 1993.

Sous le régime de la couenne

Jacky Viallon

Deux hommes sont assis l'un à côté de l'autre. L'un des deux est gros, l'autre est maigre. Ce dernier regarde le gros manger un énorme sandwich.

Le maigre : Pourquoi mangez-vous ce grand sandwich d'un seul coup de dent ? Vous pourriez prendre le temps de le déguster... Il est long, il doit être très cher...

Le gros : Il est très bon. Mais quand on mange, on mange. Il faut percevoir toutes les saveurs en même temps. Le coeur du jambon mêlé à la fraîcheur du pain... un soupçon de sel... Tout un grand plaisir devant soi : on sait que le sandwich est très long... très long ! On y pense en le mangeant. On ferme les yeux... Le pain craque sous la dent et la langue caresse le rose de la grande tranche de jambon...

Le maigre : Moi j'ai faim ; je n'ai qu'une dent creuse, elle craque dans le silence. C'est mou... J'ai l'impression de manger des trous... J'ai la sensation que mon ventre part dans le vide.

Le gros *(s'arrêtant un instant de manger son sandwich)* : Tiens, je peux faire quelque chose pour toi. Si tu veux du mou et si tu veux que ça parte dans le vide, je vais te proposer la couenne de mon jambon. C'est également rose, ça glisse, ça s'allonge. On peut tirer dessus comme sur un élastique, et même faire de la musique. Je suis sûr que cela te plairait de faire de la musique, toi ! Avec ton air malingre et tes petites lunettes, tu as une tête à faire de la musique.

Le maigre : Je n'avais jamais pensé à faire de la musique avec de la couenne de jambon, mais si vous m'en donnez les moyens, je veux bien... je vous écoute. Mon père me dit toujours d'écouter les gros : "S'ils sont gros, c'est qu'ils sont plus malins que nous. Ils ont su s'engraisser et trouver les victimes disponibles. Ce n'est pas toujours facile de tomber sur une victime !" Tenez, puisque vous m'êtes sympathique et comme vous voulez bien me donner votre couenne, je veux bien être votre victime, cela vous évitera d'en chercher une aujourd'hui. Que faut-il faire pour être une bonne victime ?

Le gros : Tu me plais, toi ; tu as une bonne tête, malgré tes binocles. Je vais t'offrir une première leçon de victime. C'est facile. D'abord, tu me regardes manger. Tout à l'heure, tu le faisais bien... très bien. Je croque, je savoure. Entretemps, tu prends ton mouchoir et tu te mets à genoux pour faire briller mes chaussures pendant que je me régale. Tu n'oublies pas de resserrer les lacets au passage. *(Le maigre sort de sa poche son mouchoir, le déplie soigneusement pour en faire de nouveau une boule et frotte avec entrain les chaussures du gros)* Attention, tout à coup, je fais la grimace. Tu serres trop mes lacets et je viens de tomber sur la couenne du jambon. Je la tire du bout des doigts, elle se détache bien du gras. Elle s'allonge, elle s'allonge. Elle descend jusqu'à toi. Je te la donne. C'est ton salaire. Cela me fait plaisir que tu la déglutisses de bon coeur. Et pendant ce temps, je m'empiffre le coeur de la tranche. Tu vois, c'est simple d'être une victime. Tu n'as qu'à sourire et manger le pire. Retiens bien ce que je te dis pour ta première leçon : pour être une bonne victime, il faut apprendre à se faire humilier !

Le maigre : Oh, ce n'est pas bien méchant que de manger la couenne d'un gros en lui cirant ses chaussures ! C'est plutôt sympathique. Non, je voudrais vraiment être une bonne victime. Par exemple, je ne m'attends pas à ce que vous ayez la générosité de me donner toute la grande couenne. Alors, je me dresse comme un pauvre et je vous la pique en tirant dessus... Je me sauve en courant.

Le gros : Et tu te fais piquer la couenne par le premier chien venu. Comme tu l'énerves, parce qu'il n'y en a pas assez, il te déchire la moitié d'une fesse.

Le maigre *(avec joie)* : Oh oui, c'est bien !

Le gros : Tu vois, quand tu veux, tu peux devenir une bonne victime.

Le maigre : Oui, mais tout de même : la vraie victime, c'est le chien. Il faut avoir rudement faim pour piquer la couenne d'un pauvre et lui déchirer la fesse en guise de dessert. Pauvre chien !

Le gros : Ne t'inquiète pas, la vraie victime, c'est toi, je te dis. Je me mets à hurler. Les flics te tombent dessus au premier carrefour, parce que tu as touché à la couenne d'un gros. Les chiens sont intouchables : Société Protectrice des Animaux. Ils disposent des plus grands avocats de la ville. On préfère les laisser courir. Tandis que toi, avec tes petites pattes de pauvre, tu ne vas pas aller bien loin. La justice va se mettre en route et te courir après. Tu vas voir, elle s'étire comme la couenne du jambon, elle va te ligoter comme une petite saucisse.

Le maigre : Non ! non ! Pas comme une saucisse ! Je dirai que le pain du gros était trop blond et trop frais, qu'il sentait le dimanche matin, que la bouche du gros était trop grosse. Géante. Une véritable provocation, un cauchemar. Une bouche béante qui se referme sur un petit sandwich.

Le gros : Attention, c'est un long sandwich ! Une grande bouche, un grand sandwich. C'est l'équilibre, c'est la justice !

Le maigre : C'est un véritable assassinat... et vous serez le coupable.

Le gros : Absurde. On n'accuse jamais les gros.

Le maigre : Et pourquoi ? Il ne manquerait plus que ça. L'égalité, ça existe encore.

Le gros : Impossible, si on touche aux gros, ils vont être contrariés. Ils n'auront plus faim. Les sandwichs vont rester dans les stocks. La chaîne va s'arrêter et la marchandise ne s'écoulera plus. Il n'y aura plus de travail ; voilà qui pourrait ruiner l'économie du pays.

Le maigre : Mais si vous n'avez plus faim, nous, on les mangera ces sandwichs : le pain, le jambon et la couenne, bien sûr ! On est déjà habitués à la manger, la couenne... alors elle passera bien avec le reste.

Le gros : La couenne, sûr qu'elle passera... mais le reste, c'est à voir.

Le maigre : Pourquoi le reste ne passerait-il pas ?

Le gros : Parce que vous, les maigres, vous n'êtes pas habitués aux bonnes choses. Vous allez vous rendre malades. ... Non, si j'ai un bon conseil à vous donner, il vaut mieux que vous restiez à votre place de maigre.

Le maigre : Vous avez raison ! Sans compter que si je deviens gros, je ne pourrai plus être votre victime.

(Arrive un troisième personnage, plus gros que le gros. Il a un journal sous le bras. Il prend un air important en fumant un énorme cigare)

Le très gros : Bonjour ! Je viens pour l'annonce. J'ai su que vous cherchiez une victime, alors je me présente.

(Le maigre et le gros se regardent un peu surpris)

Le maigre *(qui se cache derrière le gros tout en ricanant)* : Vous, une victime ? Vous êtes trop gros !

Le gros : Je n'ai jamais vu de grosse victime !

Le très gros : Ce n'est quand même pas ma faute si je suis très gros. Tout le monde a le droit de vivre !

Le gros : Oui, mais vous ne pourriez jamais faire une bonne victime avec un physique comme le vôtre. *(Il tape sur l'épaule du maigre)* De toute façon, j'ai déjà une victime. Je viens de lui donner sa première leçon. Je vous le répète : vous êtes trop gros, personne n'y croirait. J'aurais l'air malin de me promener avec vous dans la rue... alors qu'avec mon petit maigre, je peux faire le fier.

Le maigre *(s'adressant sournoisement au très gros)* : D'abord, j'étais là avant vous. Il ne faudrait pas essayer de me piquer la place. Et puis, vous devez revenir trop cher à nourrir. Vous n'avez pas une tête à vous contenter d'une couenne...

Le très gros *(échappe son journal en baissant les bras. Il soupire et s'éloigne lentement)* : Alors, maintenant quand on est gros, on ne peut plus être une victime ?! C'est de la ségrégation... je dirais même du racisme !

(Les deux autres sourient, satisfaits, en le regardant s'éloigner. Noir)

♦

Auteur, comédien, conteur, et directeur de compagnie, Jacky Viallon s'adresse tant aux jeunes qu'aux adultes. Il anime de nombreux ateliers d'écriture. Ses textes ont été publiés chez Actes Sud/Papiers, à l'Avant-scène, à La Vague à l'Ame, chez Retz. Sont également sortis aux éditions Lansman deux recueils de nouvelles à lire, à raconter et à jouer (*Des oiseaux dans ma tête* et *Le sens de l'ombre*) qui ont été diffusées sur France-Culture en 1993 et sont régulièrement montées par des compagnies de jeunes.

L'étudiant africain

Roland Hourez

Lubumbashi, mai 1990. Dans la brousse, un étudiant et un soldat.

Le soldat : Halte ! Qui es-tu ?

L'étudiant : Je suis un étudiant africain.

Le soldat : Tu mens, citoyen. Tu n'es pas un étudiant. Tu es un noir, un sauvage de la tribu des Yakas. Tu n'es pas un étudiant.

L'étudiant : Tu m'as reconnu, citoyen soldat. Je suis bien un mangeur de cuivre et j'étudie à l'université de Lubumbashi.

Le soldat : Il n'y a pas d'étudiant à Lubumbashi. C'est la loi, citoyen, depuis tantôt.

L'étudiant : Je t'obéis, citoyen soldat. Je t'obéis. Je deviens un esprit.

Le soldat : Tu désobéis, citoyen. Tu désobéis. Tu n'es plus rien, plus rien du tout.

♦

Dans l'usine, l'étudiant guide touristique.

L'étudiant : Madame, Mademoiselle, Monsieur. Je suis heureux de te souhaiter la bienvenue dans mon beau pays. Je suis un étudiant africain, le jour. La nuit, je suis un guide officiel et bénévole. Je n'ai pas beaucoup d'argent et je viens de loin. Mes semelles sont usées, mais le cuir est bon et brillant. Je suis content de te faire visiter le volcan de Lubumbashi. Je te demande de porter le casque obligatoire. Le casque bleu est pour le visiteur blanc. Le casque jaune est pour l'ouvrier noir. Dans la fumée et la poussière, je peux te reconnaître. Je te demande de rester derrière moi. Si une explosion survient, je te protège. Un mot d'introduction. Le volcan de Lubumbashi est le volcan le plus riche du monde. C'est de l'or qui coule de ses flancs. Le Zaïre est le pays le plus riche du monde. C'est Lui qui l'a dit. Suis-moi ! Patron... Ne pars pas, patron. Tu dois me donner le diplôme avant de partir. Je suis un étudiant, je ne suis pas un patron. Le volcan a besoin d'un patron. Il est très dangereux. Sa cheminée vomit les brouillards et les maladies. Si tu ne me donnes pas le diplôme, comment soigner les malades, comment contrôler le volcan ? Patron ! Parti. Je suis seul. Je suis le patron. Je dois alimenter le volcan. Je dois couper du bois, charger les wagons, conduire la locomotive. Je m'en vais.

♦

Dans sa boutique, une couturière.

La couturière : Moi, j'ai étudié coupe-couture. Je fabrique des vêtements et je les vends. Je travaille et je gagne de l'argent. La secrétaire, elle doit attendre. J'ai trois machines mécaniques. Je veux une machine électrique, pour les galons. Les étudiants ne sont pas de bons clients. Ils n'ont pas d'argent. Quand ils ont réussi l'examen et quand ils sont riches, ils achètent à l'étranger. Heureusement, les professeurs n'ont pas trop d'argent. Ils achètent dans ma boutique. S'il n'y a pas d'étudiants, les professeurs vont partir. C'est mauvais pour ma boutique.

♦

Un village le long de la route de Licasi. Le blanc, la mama et l'étudiant.

Le blanc : Tes bananes sont à combien, mama ? Les plus mûres. Tu dois les laisser jaunir avant de les couper. Tu as peur des voleurs. Tu ne comprends pas. Dis-moi un prix sinon je vais plus loin. Je ne suis pas un voleur, moi.

L'étudiant : Attends, patron, je vais compter.

Le blanc : Tu sais parler.

L'étudiant : Oui, patron. Je suis un étudiant africain.

Le blanc : Un étudiant ne court pas les chemins, il étudie.

♦

Le blanc parti, l'étudiant seul.

L'étudiant : Tu ne me crois pas, patron. Tu crois que je suis un menteur. J'aime bien rire, patron. Quand je noue ta cravate autour de mon cou, c'est pour rire, c'est pour jouer comme un petit enfant. Je ne suis pas méchant. Il faut me croire, patron. Ici l'arbre ne cache pas la forêt. Il n'y a plus d'arbres, plus de forêt. Il y a beaucoup de gens qui marchent pour trouver le macala. Il y a des camions pour la Simba. Il y a des autos pour les gens importants. Le soir, la route est pleine de dangers, pleine de trous et noire de gens. Tu dois les éviter, patron. Tu veux que je te guide, patron ? Je connais bien le pays. Souvent, je m'envole pour regarder les maisons sur le sable. Si tu achètes un terrain avec une termitière, tu deviens riche. Tu fais des briques et tu deviens plus riche que le pauvre ouvrier qui a de l'eau, de l'électricité mais qui est malade. Dans le ciel, il n'y a pas de poussière, pas de fumée, pas d'auto, pas de policier, pas de trou dans le bitume. Aïe, aïe, aïe, la citoyenne hôtesse de l'air m'a reconnu. Je ne suis pas habillé comme il faut. Le citoyen pilote va me laisser tomber dans le fleuve. Aïe, aïe, aïe. Ici, tout au fond de la mine de Kipuchi, je peux parler. Plus haut, les camions ont noirci les galeries avec le mazout. Ici, à moins de mille trois cents mètres, tout est blanc, tout est clair. Il fait très chaud ici, au niveau de la mer. Mille trois cents mètres moins mille trois cents mètres égale zéro. Hier, j'étais étudiant. Aujourd'hui, je suis chef. Je commande les machines de l'Europe. Quand le courant est coupé, je viens ici. Il fait chaud mais il y a de l'eau fraîche qui s'échappe des tuyaux et des cailloux de toutes les couleurs. Le Zaïre est un beau pays. Le Zaïre est pauvre. Je dois creuser de plus en plus bas pour trouver à manger. La mine s'enfonce et l'eau monte. Les machines d'Europe ne creusent pas assez vite. A quoi ça sert d'abandonner un étudiant dans un trou, sans outil ? Il ne fait rien et on dit de lui qu'il est paresseux.

♦

L'étudiant et le journaliste.

Le reporter : Veux-tu témoigner ?

L'étudiant : Oui, je veux bien.

Le reporter : Parle. Je te filme.

L'étudiant : Non, je ne veux pas.

Le reporter : Tu as peur ?

L'étudiant : Oui.

Le reporter : Cache ton visage. Tu parles et je filme.

L'étudiant : Non.

Le reporter : Pourquoi ?

L'étudiant : Je n'ai plus de visage.

Le reporter : Tu mens. Comment parlerais-tu sans visage ?

L'étudiant : Je ne parle plus. Je suis un étudiant africain, patron. Je suis un menteur. Si je suis vivant, je ne suis pas mort. Si je suis mort et que je parle, je suis un menteur. Je suis un menteur, patron. Je n'existe pas. Je suis tout blanc, comme l'Afrique. Quand c'est tout blanc, c'est tout noir, c'est tout comme... Je me tais, patron. Je suis mort, égorgé, à Lubumbashi. L'assassin avait le ventre plein. C'est vrai.

♦

Roland Hourez, né en 1946, est à la fois ingénieur et auteur dramatique. Quelques-unsde ses textes ont été créés en Belgique. Il a été témoin anonyme d'événements tragiques, jamais véritablement reconnus, à Lubumbashi en mai 1990. Ce texte se veut "parole anonyme appartenantà tout un peuple de morts". Les droits sont déposés pour le compte d'Amnesty International.

Souvenirs du Portugal

Daniel Simon

Deux personnages sont attablés devant une caisse de bois rude dans une arrière-cour d'immeuble. Même âge, même sexe. Hommes ou femmes, jeunes ou vieux. C'est la fin du jour. On entend un vent léger.

P1 : J'ai gardé le meilleur pour la fin...

P2 : Déjà ?

P1 : C'est la fin du jour et aucune comète ne passera cette nuit dans le ciel ! Inutile de rester les yeux rivés aux étoiles... Ça use la vie, à force d'espérer...

P2 : Il reste la météo, l'horoscope, je ne sais pas, moi !

P1 : Tu as déjà fait un voeu devant un bulletin météo ?

P2 *(déploie un journal sur la table et lit lentement en suivant le texte du doigt)* : "Légère brume au sol, beau temps en fin de semaine..." C'est bon pour nous, ça... *(Il continue)* "Temps exceptionnel pour la saison ; refroidissement significatif annoncé dans les jours qui viennent..."

P1 : Quand ?

P2 : "Dans les jours qui viennent...".

P1 : On sera les vedettes alors ! Tu verras, coup de froid... Coup de flash ! On revient tous les ans, comme les migrations !

P2 : Je voudrais être un oiseau. Un coup de blues et hop, direction le Sud !

P1 *(sort soudain de sa poche une boîte de sardines, la brandit et déclame)* : Poissons à l'huile, sardines du Portugal ! Fraîchement pêchées et salées sur le pont du bateau ! Mises en boîte au port et envoyées partout comme une merveille du monde ! Une pure splendeur... Sardines du Portugal !

P2 : J'y suis allé une fois, au Portugal... il y a longtemps... Avant...

P1 : Avant ?

P2 : Oui, avant... Tu as l'ouvre-boîte ?

P1 : Perdu hier soir, je crois. Ou on me l'a volé pendant que je dormais.

P2 : Qui dort dîne ! *(Ils rient d'un rire bref)* Qu'est-ce qu'on va faire sans ouvre-boîte ?

P1 : Avant... Tu disais "avant". Avant quoi ?

P2 : Avant ! Comme toi, dans le temps d'avant...

P1 : ... Quand tu avais un ouvre-boîte ?

P2 *(rit)* : Et des sardines plein mes tartines !

P1 : Moi, j'ai tout oublié du temps d'avant : sardines, tartines et nuits de Chine. Enfin, j'essaie...

P2 : Tu as dit que c'était la fin ?

P1 : Plus la force de passer une autre journée comme ça. Alors, faut lui faire un sort à cette boîte ; leur tordre le cou, à nos sardines !

P2 : ... Tartines et nuits de Chine...

(Silence tous les deux. Ils regardent intensément la boîte de sardines étanche)

P1 : Ils dorment tous, alentour...

P2 : Trop tard pour en réveiller un, il nous jetterait dehors !

P1 : Quand même envie d'essayer. Ils finiront bien par se réveiller un jour !

P2 : C'est pas inscrit dans l'horoscope, regarde !

P1 *(lit)* : "Sagittaire : méfiez-vous de vos actions, elles aboutiront à un échec cuisant !" Tu vois ? Le Sagittaire : "échec cuisant" !

P2 : Ça veut dire ?

P1 : Rien, nada et un coup de pied au cul en prime ! C'est ça que tu obtiendras !

P2 : Faudra bien qu'ils se réveillent, horoscope ou pas.

P1 : J'y crois pas, moi...

P2 : Ils finiront par se réveiller !

P1 : Je parlais de l'horoscope...

P2 : Je vais me lever, marcher vers une maison éclairée dans la nuit, et dire...

P1 : Non, tu ne peux pas... Ils ne bougeront pas. Ils dorment, fatigués, digérés, étonnés que nous soyons toujours là... Ils profitent du beau temps en fin de semaine...

P2 : ... Où on dort ce soir ?

P1 : Au dépôt, comme l'autre nuit... Et celle d'avant !

P2 : Plus de place là-bas. On tire à la courte-paille...

P1 *(en chantant la chanson du petit navire)* : "Pour savoir qui qui qui sera mangé, pour savoir qui qui qui sera mangé...".

P2 : "Ohé, ohé" !

(Silence tous les deux. Ils manipulent la boîte de sardines dans tous les sens)

P1 : T'as pas un canif ?

P2 : Rien, pas un clou, rien...

P1 : Avec les dents !

P2 : Toi, peut-être. Moi, c'est inutile...

P1 : Honneur aux invalides ! *(Il se lève et marque quelques secondes de silence. Il mord la boîte à pleines dents)* Aïe ! Cassé une dent !

P2 : Egalité ! *(Il rit)*

P1 : Tu sais comment on mangeait à la maison ces derniers temps ? A l'As de pique !

P2 : L'As de pique ?

P1 : Le père distribuait les cartes ; celui qui tirait l'as de pique pouvait manger ce soir-là...

P2 : Tu as dû tricher souvent !

P1 : … J'essaie encore ? Il me reste quelques dents…

P2 : Plus pour longtemps !

(P1 mord la boîte à pleines dents. De l'huile lui coule sur le menton)

P1 : Alléluia !

P2 : T'as réussi ?

P1 : Je sens l'huile…

P2 : … Du Portugal couler le long du cou…

P1 : Ma femme aimait cela : lécher l'huile qui coulait le long de mon cou sur mon torse et mes épaules…

P2 *(chante)* : "Nuits de Chine, nuits câlines"…

P1 : Restent les sardines, finie la Chine !

P2 : Ouvre-la, cette boîte, sans te couper les doigts !

P1 : Au point où on en est, avec l'huile, on ne verrait pas la différence !

P2 : Laisse-moi goûter, l'huile, le Portugal, la Chine…

P1 : Juste une gorgée !

P2 : Juste une…

P1 : Le reste, c'est pour demain…

P2 : Le meilleur pour la fin !

(*Noir*)

♦

Né à Charleroi en 1952, Daniel Simon mène tout à la fois une carrière de formateur d'adultes, de journaliste, de metteur en scène et d'écrivain. On lui doit de nombreuses pièces pour le jeune public (dont *Ventre de papier* publié aux éditions Lansman en 1991) et pour adultes (comme *Les petites manoeuvres*, Lansman, 1990). Il travaille également occasionnellement pour la télévision et la radio.

Tu mélanges tout

Eric Durnez

Guillaume, dix-sept ans. Le père, quarante-cinq ans.

Le père : Où étais-tu ? Tu ne réponds pas ? Je sais bien, moi, où tu étais. Je le sais.

Guillaume : Ah oui ?

Le père : J'ai regardé la télé. Pour une fois que je regarde la télé ! Il y avait ce défilé de l'extrême droite...

Guillaume : Et alors ?

Le père : Alors ? Devine...

Guillaume : Je ne sais pas, moi, tu en fais des mystères...

Le père : J'ai cru voir mon fils défiler avec les fachos. Là, sur l'écran. L'image est passée très vite mais c'était un gros plan et j'ai senti mon coeur cogner. Et tu sais bien qu'il ne s'emballe plus que pour toi.

Guillaume : C'est sensé être une preuve, ça ?

Le père : Alors, dis-moi que je me suis trompé. Peut-être que je me suis trompé.

Guillaume : Ça te ferait mal, hein, si je te disais que tu ne t'es pas trompé, que j'y étais, que j'ai même trouvé cela plutôt emballant. Une force, de l'énergie, quelque chose de vivant...

Le père : Tais-toi ! Je te parle sérieusement...

Guillaume : Et moi aussi, je te parle... Tu pourrais m'écouter pour une fois. Si moi aussi, je commençais à tenir des discours, mais justement pas les mêmes que les tiens... Pas toutes les belles choses bien généreuses que tu as voulu m'enseigner, comment tu dis encore ? Ah oui, "les valeurs fondatrices", tes valeurs, tes mots, tes souvenirs, tes pavés...

Le père : Guillaume, tu mélanges tout, ça n'a rien à voir avec...

Guillaume : Des beaux discours, très beaux, avec chaque année un petit mot nouveau... Cette année, voyons, c'est quoi la mode : "solidarité" ? "lutte contre l'exclusion" ? ... Avant, on avait droit à "liberté", "citoyenneté responsable" - quoi encore... - "anti-racisme", "droits de l'homme", "société pluri-culturelle"... et je dois en oublier. Mais, pour chapeauter tout ce beau monde, il y a toujours la vieille passionnaria, l'intouchable, la déesse "Démocratie" !

Le père : Tu dis n'importe quoi. On ne joue pas avec ces notions-là, on ne les traite pas n'importe comment.

Guillaume : On en fait quoi, alors ?

Le père : On les vit.

Guillaume : Tu oses dire ça ? ... Tu te rends compte de ce que tu dis ? ... Ta femme t'a fui tellement tu lui faisais de chantage. Et Laetitia, ma soeur... c'est parce qu'elle vivait tes valeurs qu'elle s'est tiré une balle ?

Le père : Tu continues à tout mélanger.

Guillaume : Oui, pour moi les choses sont mélangées... Et ton espèce de démocratie soi-disant moins pire que le reste, elle te ressemble : c'est la mort, une mort encore un peu vivante, balbutiante, bavante, gentille mais complètement inerte.

Le père : Tu sais bien que Laetitia n'a jamais pu s'adapter. C'est un peu facile de parler d'elle maintenant : tu sais que ça va me toucher et que je ne pourrai plus rien dire.

Guillaume : Je devrais te plaindre ? Tu aurais préféré qu'elle s'adapte à ça ? Personne n'a envie de s'adapter à ça. Toi, tout ce que tu trouves à me dire, c'est qu'il faut défendre ce qui existe, et tenter de l'améliorer un peu, là, petit à petit. Ou alors céder, très lentement, se réduire, se rétrécir mais préserver à tout prix cette espèce de boîte vide et sacrée, cette relique qu'on repeinturlure chaque année avec de nouveaux noms, et dont on se gave en désignant les monstres qui veulent chasser les immigrés. On oublie alors que ces immigrés-là, braves démocrates que nous sommes, nous les avons fait venir pour ramasser notre merde.

Le père : Ecoute, Guillaume, je crois que tu manques d'éléments pour poser une analyse un tant soit peu...

Guillaume : Mais oui, je manque d'analyse et peut-être même d'intelligence. J'ai pourtant cru remarquer que le foutu prof d'histoire qui nous enseignait les Droits de l'homme, était le premier à faire régner la terreur dans la classe en gueulant comme un putois et en distribuant les retenues. Un jour, je lui ai dit que punir les gens en les obligeant à rester à l'école était bien la preuve que l'école était une prison !

Le père : Tais-toi ! Tu continues à parler comme un gosse gâté et pourri. Ce monde n'est sûrement pas parfait, la question n'est pas là, mais la fuite en avant, c'est ridicule. Le vrai courage consiste à lutter chaque jour pour de petites choses…

Guillaume : Je suis émerveillé.

Le père : Comment ?

Guillaume : Je suis émerveillé par mon père.

Le père : Ça va… Je ne suis pas un modèle et je ne veux pas l'être. J'assume.

Guillaume : Encore un de tes mots préférés. Moi, je n'assume pas, pas du tout. Je voudrais autre chose. Quelque chose d'exaltant, de vivant, quelque chose qui ne me fasse plus souhaiter rejoindre ma soeur. Tu crois vraiment que ça peut m'intéresser de me battre pour un monde où tout semble grisonner, se fermer, pourrir sur place… ?

Le père : Tu ne m'as jamais dit ça.

Guillaume : Je ne voulais pas t'ennuyer avec mes déprimes. On n'ennuie pas un père si fragile, si positif, si modéré et lucide…

Le père : … C'est toi que j'ai vu sur l'écran ?

Guillaume : Mais non. Qu'est-ce que j'irais faire avec ces pauvres crétins ?

Le père : Je ne sais plus quoi dire…

Guillaume : Alors ne dis rien. Je ne suis pas dupe de moi-même, tu sais… Les reproches, les critiques… c'est encore de la défense, de la demande. … Tu vois… ton mot fétiche, "Liberté", c'est aussi un peu le mien… enfin, je voudrais… mais je ne sais pas ce que je dois en faire. La seule chose que je sens réellement, c'est qu'il faut d'abord tenter de conquérir sa liberté à soi avant de…

Le père : Parfois, j'aimerais ne pas être ton père pour que tu m'écoutes juste un instant…

Guillaume : Non. C'est bien que tu sois mon père… Cela me donne le sentiment d'être encore un enfant qui grandit, qui rêve et qui fera peut-être quelque chose, plus tard…

Le père : Guillaume…

Guillaume : Laisse tomber… et commence par vendre ta télé. Moi, c'est décidé : je prends la route. Si tu veux, c'est là que tu pourras me rencontrer…

(Noir)

♦

Né en 1959, Eric Durnez est diplômé de l'Institut National Supérieur des Arts du Spectacle. Journaliste et producteur radio jusqu'en 1991, on lui doit également de nombreuses mises en scène, au sein de groupes amateurs et professionnels. Il écrit des romans, nouvelles, poèmes et pièces de théâtre. *Elie, Elle* a été publiée en 1988 par le Groupe Aven, tandis que *A plat* est parue en 1993 dans la collection "Tirages Légers" des éditions Lansman.

La file d'attente

Pascale Millant

Trois personnes sont alignées devant un guichet. A leurs pieds sont posés des valises et des sacs.

Pierre : Qui êtes-vous ?

Slimane : Et vous ?

Diego : Que faisons-nous, ici ?

Pierre : Je ne sais pas.

Slimane : Je ne me souviens plus de rien.

Le guichetier : Alors, vous désirez aller où ?

Pierre : Aller où, aller où... Vous en avez de bonnes. Si seulement je savais où je suis, je pourrais peut-être décider où aller.

Slimane *(essayant de soulever son sac)* : Comment ai-je pu le remplir à ce point ? C'est stupide, je n'arrive même pas à le soulever.

Le guichetier : C'est toujours pareil avec les souvenirs. On les entasse et après, ils nous pèsent.

Slimane : Quels souvenirs ? Ce sont...

Diego : Etrange quand même. Je suis là, prêt à partir probablement pour changer de vie et je ne me souviens même pas de mon nom.

Le guichetier : Ça va revenir. Ne brusquez pas les choses et décontractez-vous.

Pierre : Vous êtes bizarre. Vous savez tellement de choses, c'est comme si vous nous connaissiez déjà.

Le guichetier : Tous les voyageurs se ressemblent. Ils veulent tous partir pour oublier... et en fait, ils ne font que recommencer un peu plus loin.

(Diego enlève sa veste et on découvre une large tache de sang sur sa poitrine. Il l'observe puis, brusquement, ouvre sa chemise)

Slimane : Qu'est-ce que vous avez ?

Diego : Rien. Justement, je n'ai rien.

Pierre : Avec une telle tache, vous devez être sérieusement blessé ?

Diego : Mais non, je vous dis. Regardez vous-même, je n'ai rien.

Slimane : Je me souviens lorsque j'ai eu mon accident, il y a quelques années, le sang coulait, coulait et je ne parvenais pas à l'arrêter. Si vous saviez comme j'ai eu peur ! *(Les deux autres le regardent sans oser parler)* Qu'est-ce que j'ai dit ? Pourquoi me regardez-vous ainsi ?

Pierre : De quoi vous souvenez-vous d'autre ?

Slimane : Du sang, seulement du sang qui coule.

(Pierre ouvre sa valise et éparpille les vêtements sans rien trouver. Il fouille ses poches et trouve un papier)

Le guichetier : Vous avez trouvé votre destination ?

Pierre : Non !

Le guichetier : De l'argent, peut-être ?

Pierre : Non.

Diego : Alors, c'est quoi ?

Slimane : Répondez, à la fin ! Qu'avez-vous trouvé ?

Pierre : Un nom.

Le guichetier : Le vôtre ?

Pierre : Peut-être ou peut-être pas. Ce n'est qu'un nom sur un bout de papier.

(Il enlève sa veste et remonte les manches de sa chemise. Sur ses bras, on voit des plaies et des profondes incisions)

Le guichetier : Vous ne souffrez pas trop ?

Pierre : Je ne sens rien. Pourtant, je devrais hurler mais je ne sens rien.

(Slimane regarde discrètement sur lui pour vérifier qu'il ne trouve ni plaies, ni taches de sang)

Diego : Alors ?

Slimane : Alors, rien. Je n'ai absolument rien.

Le guichetier : Vous croyez ? Il y a des marques au niveau de votre front. On dirait des brûlures.

Pierre : C'est vrai. Cela forme comme un casque.

Slimane : Vous n'auriez pas une glace ?

Le guichetier : Non, j'ai seulement des billets.

Slimane : Alors, donnez-m'en un pour n'importe où, puisque je veux partir.

Le guichetier : N'importe où, c'est vague. Cela ne veut rien dire et puis, vous devriez faire attention, vous allez effrayer les autres voyageurs avec vos marques horribles.

(On entend un cri de douleur venant du fond de la salle)

Une femme *(off)* : Je ne sais rien. Laissez-moi.

Un homme *(off)* : Vous dites tous cela, mais la mémoire va vous revenir vite, très vite. Vous apprendrez, vous apprendrez à penser du bon côté, ou vous partirez pour un long voyage.

(On entend un nouveau cri, puis une jeune femme arrive avec une énorme valise qu'elle éprouve des difficultés à soulever)

Le guichetier : Mademoiselle, vous désirez un billet ?

La femme : Un billet pour où ?

Pierre : Qu'est-ce qu'ils vous ont fait ?

La femme : Rien.

Slimane : Mais les cris ?

La femme : Je ne sais plus.

Diego : Et le sang sur vous ?

La femme : Quel sang ? ... Laissez-moi, je veux simplement partir.

Pierre *(au guichetier)* : Et nous... Vous nous avez entendu crier ainsi avant d'arriver ici ?

Le guichetier : Bien sûr. Cela se passe toujours dans la pièce du fond... mais je suis habitué. Cela fait des années que cela dure. Au début, les cris et les hurlements me faisaient peur. Ensuite, j'ai compris : tous ces voyageurs tachés et défigurés qui arrivaient à mon guichet...

Pierre : Et vous n'avez rien fait ?

Le guichetier : Je vends des billets, monsieur. Le reste ne me regarde pas. Que vouliez-vous que je fasse ?

Diego : Protester.

Le guichetier : Protester ? ... Et la peur, monsieur, que faites-vous de la peur ? Tous les jours, je vois la fin de ma vie au bout d'une rue. Tous les soirs, je m'imagine coincé entre deux inconnus, puis bousculé dans une voiture mal garée. Toutes les nuits, je me réveille sans plus savoir où je suis. J'ai la peur au fond des tripes, monsieur, mais j'ai appris à vivre avec.

Slimane : Et nous ? Qu'allons-nous devenir ?

Le guichetier : Pour vous, il est déjà trop tard.

La femme : Et vous croyez que les autres y arriveront.

Le guichetier : Arriver où ?

La femme : A vivre, simplement à vivre. *(Elle prend sa valise et s'éloigne)*

Le guichetier : Mademoiselle, attendez... Vous n'avez pas votre billet.

(Noir)

♦

Née en 1963, Pascale Millant vit et travaille à Paris. Après des études en psychologie, puis en théâtre, elle se lance dans la mise en scène et l'animation d'ateliers théâtraux, notamment avec des jeunes. Aujourd'hui, elle écrit ses propres textes tout en continuant à assurer la mise en scène et la direction d'acteurs de spectacles créés à Paris et banlieue.

Génération ration

Jean-Rock Gaudreault

Carl, dix-neuf ans, entre chez Anne, sa grand-mère.

Carl : C'est fait !

Anne : Quoi ?

Carl : Ben... j'ai voté pour la première fois de ma vie.

Anne : Tu le sais : on parle jamais de politique chez moi !

Carl : Mais aujourd'hui, c'est spécial.

Anne : Désolée ! T'as pas choisi la bonne personne pour discuter de ça.

Carl : Et pourquoi donc ?

Anne : Parce que je suis vieille et que j'ai compris depuis longtemps. Plus une seconde à perdre.

Carl : Tu n'iras pas voter ?

Anne : Ma croix, je l'ai portée assez. Pourquoi j'irais la mettre sur un bout de papier ?

Carl : Je te rappelle que c'est un devoir...

Anne : Un devoir ! Elle est bien bonne. Et c'est toi qui veux m'enseigner ce qu'est mon devoir !

Carl : Pour les gens... pour le pays !

Anne : Ah, les hommes, vous êtes tous pareils. Il suffit de dire "drapeau" pour que vous vous mettiez à claquer des talons. Le pays, je l'ai mis au monde, mon garçon. J'ai élevé trois de mes huit enfants avec les coupons de rationnement pendant la guerre. Les candidats qui se présentent aujourd'hui étaient même pas dans les pensées de leurs parents que je me désâmais pour le pays...

Carl : Et alors ? Qu'est-ce que ça a à voir ? Pourquoi ça t'empêche d'aller voter ?

Anne : Rapport que c'est toujours les mêmes promesses, les mêmes discours. Leur disque est rayé, c'est sûr !

Carl : Donc, tu préférerais un dictateur à vie ?

Anne : Au moins, à la longue, on se souviendrait de son nom.

Carl : N'importe quoi ! ... Je suis sûr que si on te coupait ta pension, tu serais plus démocrate.

Anne : Tu penses ! Je serais "l'ennemie publique numéro un", en tête de toutes les manifestations, prête à tout casser !

Carl : Manifestations... Casser... ! Tout de suite les grands mots. Mais les choses peuvent aussi changer en consultant la population. Si tu n'es pas d'accord, tu choisis d'autres représentants...

Anne : Mon Dieu, pardonnez-lui ; il ne sait pas ce qu'il dit !

Carl : C'est ça, fais ton numéro. Tu peux parfois être d'une telle mauvaise foi...

Anne : Bon, d'accord, je vais faire une exception et gaspiller ma salive... Mais alors tu m'écoutes ! ... Quand j'étais jeune - le croiras-tu - on ne votait pas pour un homme ou un parti ; on votait pour une couleur - rouge ou bleu - qui se transmettait de génération en génération. Lorsqu'un adversaire perdait, mon père et ses amis allaient faire brûler des ballots de foin devant sa maison. Comme façon de se réconcilier et de faire avancer les choses, il n'y a pas mieux ! ... Plus tard, la famille s'est divisée à cause de la politique : deux de mes frères ont passé vingt ans sans se parler pour une question de couleur. Tu peux pas savoir comme ça m'a fait mal...

Carl : Aujourd'hui, c'est plus pareil.

Anne : Ah non ? Tiens... je parie que tu as voté comme ton père.

Carl : Oh ! C'est le seul sujet sur lequel on est d'accord.

Anne : Et bien, je peux te dire que ton père vote comme ton grand-père, et que ton grand-père était fier d'appartenir à une famille reconnue pour sa fidélité à sa couleur ! Donc, tu votes du même bord que tes ancêtres, fils. Alors ne me parle pas de révolutionner le monde !

Carl : Mais il y a forcément des gens qui changent d'idées ; ce sont eux qui font la différence.

Anne : Justement ! Comment peut-on donner une pareille responsabilité à des gens qui changent d'idées d'une élection à l'autre ?

Carl : Tu te contredis.

Anne : Bien sûr... puisqu'on parle de politique. C'est un domaine où on ne peut pas faire autrement.

Carl : Ça ne tient pas debout.

Anne : C'est ce que je dis depuis le début.

Carl : Bon. Alors dis-moi pourquoi, partout dans le monde, on se bat pour la démocratie.

Anne : Vraiment, tu me déçois ! Tu parles comme un agneau docile au milieu du troupeau de brebis. Quand je pense que ce sont des gaillards comme toi qui vont devoir payer la fameuse "dette nationale"... Il y a de quoi se faire anarchiste !

Carl : Ça finira par s'arranger, comme toujours.

Anne : Et fataliste en plus ! Bravo... mais ne compte pas sur moi pour t'envier. Lorsque ton grand-père et moi étions jeunes, nous étions très pauvres mais nous savions que le bon temps était devant nous. Pour vous, aujourd'hui, c'est le contraire. Vous avez vécu vos meilleures années, tout le monde le dit. Merci la démocratie ! ... Ça ne te fait pas peur ?

Carl : J'essaie de ne pas y penser.

Anne : Alors tu as voté sans réfléchir.

Carl : S'il fallait avoir tous ces problèmes à l'esprit dans un isoloir, personne n'en ressortirait vivant. ... Et puis, tu sais, ce qui comptait pour moi aujourd'hui, c'était de voter pour la première fois... et de courir ici pour t'annoncer la nouvelle... Ben c'est raté !

Anne : ... M'en veux pas trop... mais tu vois, je suis incapable de faire confiance aux politiciens et à toutes leurs manigances. Une année, ils sont venus à l'improviste. J'étais en train de mettre mes confitures en conserve. Ils m'ont montré un agrandissement énorme d'un bulletin de vote avec un "X" là où ils voulaient que je vote. J'ai pris le bulletin dans mes doigts tout collants et j'ai demandé pourquoi leur bulletin était si grand. L'un d'eux m'a répondu que la plupart des gens âgés voyaient mal. J'ai répondu : "Monsieur, je porte peut-être des lunettes, mais je vois clair dans votre petit jeu"... et il a reçu ma porte sur le bout du nez.

Carl : Mamie, toi tu aurais dû faire de la politique.

Anne : C'est ce qu'on dit en général aux gens qui ne se laissent pas berner. Mais tu as raison : beaucoup de politiciens ont commencé de cette façon-là. D'ailleurs, quand je vois des jeunes qui manifestent dans la rue, je me dis : "Regarde-les bien, ceux qui marchent en avant ; tu vas les revoir sur des affiches électorales dans quelques années".

Carl : Donc, tu ne serais pas contente si, un jour, je me présentais ?

Anne : Tu es bien trop gentil. Un garçon qui vient voir sa grand-mère chaque semaine ne fera jamais un bon politicien !

Carl : Vraiment, tu dis n'importe quoi ! ... Mais je me pose encore une question. Si on te suit, comment faire pour changer le monde sans les politiciens ?

Anne : En laissant faire le temps. Chaque génération apprend un peu grâce aux erreurs de la précédente - j'ai bien dit un peu ! Les inventions révolutionnaires d'un jour sont les jouets des enfants du lendemain. La naissance, la mort... quel politicien aurait assez de cran pour en parler comme d'une richesse nationale ? C'est pourtant ça, l'évolution !

Carl : Je te souhaite de gagner tes élections, mamie.

Anne : C'est déjà fait, mon garçon.

(Carl embrasse sa grand-mère. Noir)

♦

Scène commandée par le jury en contrepoint du texte lauréat *Génération téflon*.

Né en 1972 au nord du Québec, Jean-Rock Gaudreault a terminé l'Ecole Nationale du Théâtre du Canada en 1993 dans la section "écriture dramatique". Ses premiers textes ont fait l'objet de nombreuses lectures publiques au Québec, en Belgique et en France. Les éditions Lansman ont publié, dans la collection "Tirages Légers", *Les postes du nord* en 1992 et *Une maison face au nord* en 1993. Plusieurs projets de création et de publication sont en cours.

Démarcation

Michel Voiturier

En rue, près d'une ligne de démarcation. Une femme policier et un homme. Plus loin, une foule contenue. Des haut-parleurs diffusent des ordres dans diverses langues. Des sirènes retentissent.

Femme : A plat ! Ne pas remuer. Et le silence, total et complet. Ne pas... Eh quoi, le rebelle, où c'est l'autorité ? C'est ici ! Assurément sûrement. Pas remuer, c'est dit, non ? Les maintenir à distance, le troupeau. C'est clair, Mec ? Les maintenir. Son tour, c'est à chacun, non ? Question d'équité, hé, hé... Quoi dedans ? Vider la poche. Gauche seulement... Et lents, lents, les mouvements.

Homme : Cha... chac... Je...

Femme : C'est pas dans la poche, les mots... Alors... Rien à sortir. Clair ? Simplement, c'est le 527, article du code des vérifications spontanées. Point. La droite. Même lenteur. Pas trop trop malgré... Des autres qui attendent là, au-delà. Pas trop les faire attendre, non ? "Qui passe nos frontières ne fait pas des manières". Dicton. Vieux dicton de la corporation. Toujours et encore d'application, non ? Pas les mots. Papiers seulement. Ah ! Ça peut faire mal. Ça ne laisse pas des traces. Puis, ton métier, c'est sûrement pas manuel. Alors, tes doigts, pas besoin en immédiat, non ? C'est quoi ? Des billets. Pas en cours à notre change. C'est confisqué. Plus besoin d'ailleurs. Nul doute. Pas des grimaces. C'est laid.

Homme : Je... Je... Moi...

Femme : BF 22 84 136. Matricule. Périmé au-delà de 30. Désolation. La règle est règle. Ne faut pas être aigle pour compréhender. Debout. Retour à l'autre côté. Sans regret. C'est fatal. Point. D'autres tentatives à l'occasion. C'est ainsi l'espérance, non ?

Homme : Moi... J'ai... Moi...

Femme : Désolé. Le coup part seul parfois. Défense légitime. Mec, l'emporter au camion 14. Déblayer le passage. Ah ! Mec, son vert papier sur le pavé. Oui. Leur dire, là-bas, si quelqu'un a les billets. A vendre maintenant. Suffit de le venir ramasser. Qu'au moins un ou un autre aille de l'autre côté. Cela, c'est liberté. Mais se mérite quand même, non ?

(Noir)

♦

(Dans un camp. L'homme est en train de creuser avec une pelle)

Homme : C'est drôlement bon d'être en rêve. Et de rêver qu'on peut continuer. Rêver qu'on peut ne pas s'y mettre. Non, chef, non. J'ouvre pas les yeux encore. Pavane en mes images. Arpente mes horizons. Je vois les autres en train. Pouvez dire ce que vous voulez, je les garde fermés, les yeux. Tant que je rêve, j'ai le choix, vrai ? Yeux clos, je demeure où j'en suis ; yeux ouverts, je la commence cette corvée de journée. Pas envie de refaire les mêmes gestes. Sûr, risqué si je les refais pas... Bah ! aussi longtemps que je garde mon rêve...

Un rêve pas tellement extra. Vous savez, chef, simplement, comme ici, je suis là. Mais tout seulement seul. Sans les cadavres à basculer. Les poches à vider. Les objets à trier que vous preniez les plus précieux. Sans sifflets. C'est silence. D'accord. Oh ! Ce que j'ai à faire, c'est plus... c'est moins... Qui donne droit à ration supplémentaire. Mais quoi ? C'est pas ça que je vais grossir. Puis, pourquoi ? Les costumes sont tous à même taille. Gueulez donc une fois encore dans le haut-parleur, chef. C'est quoi le risque ? Un coup de bottes dans les côtes. Sans certitude de repos à l'infirmerie. Marre. Les mêmes visages. Mêmes peurs. Mêmes odeurs. Faites-le, vous, l'inventaire des cailloux et des os. La collection des cris. Laissez-moi me balader dans mon rêve. Une chance d'y découvrir une mitraillette ou une grenade. Vous lancer votre mort en plein. C'est pas volonté mauvaise, chef. Assis. Yeux fermés. C'est le rêve.

Vous avez besoin de savoir. De toute façon, pour comprendre... L'espace, ça n'entre pas dans votre cervelet. Puis, debout, couché, assis... Si je pousse un peu, peut-être bien que je finirai par le vider ce verre avec Fernand, à la terrasse du Belle-Vue. Ça s'énerve. Va y avoir du hurlement. Des coups. D'accord, Simon. C'est crétin de croire rester en dehors. Je sais. Vais pas m'engueuler moi-même dans mon propre rêve... Le soleil va me le faire tourner, mon vertige. Ça servira à quoi que je m'écroule ? Sortir dans le vrai. Au moins la fin du rêve aura son sens. *(Il lâche sa pelle)* Chef ! Hé, chef... C'est Simon, chef. Faut que je vous dise. Vous le saviez pas. Il faut, chef. Je suis Juif, chef, Juif.

Voix off : Je suis Tutsi, chef.
Je suis Arménien, chef.
Je suis Palestinien, chef.
Je suis Serbe.
Je suis Hutu.
Je suis Macédonien.
Je suis Gitan...

♦

Né en 1940 à Tournai, Michel Voiturier est enseignant. Auteur de très nombreux recueils de poèmes (publiés chez Rougerie, Unimuse et L'Arbre à Paroles), il tient également une chronique théâtrale pour un quotidien et dirige des "chantiers d'écriture". Sa pièce *Chronique locale* a été créée et publiée par le Centre Dramatique Hainuyer.

Editions Lansman

63, rue Royale B-7141 Carnières-Morlanwelz (Wallonie - Belgique)
Téléphone (32-64) 44 75 11 - Fax/Télécopie (32-64) 44 31 02

Démocratie mosaïque 1
est le cent trente-troisième ouvrage
publié aux éditions Lansman
et le premier
de la collection "Théâtre en Scènes"

350 FB - 60 FF
(Toutes taxes comprises)
ISBN 2-87282-132-5

Diffusion et/ou distribution au 1/3/96
Même adresse que ci-dessus
sauf Amérique du nord et Mexique :
Libert T, 683 rue Principale Ste Dorothée à Laval (Québec) H7X 1E2 Québec/Canada
Tél. (514) 689-0435 - Fax (514) 689-2669

Vente en librairie et par correspondance

Les éditions Lansman bénéficient du soutien permanent
de la Communauté française de Belgique
(Direction du Livre et des Lettres)
de l'Asbl Promotion Théâtre et de la

SACD

Société des Auteurs
et Compositeurs Dramatiques

Achevé d'imprimer par l'imprimerie Daune à Morlanwelz
Dépôt légal : avril 1996